Raik-Michael Pabst

AF185078

Zweite Geburt

Tradition Verlag Hamburg

VORWORT

Dieses Buch wollte ich entstehen lassen.

Es war mir ein Bedürfnis meine Ost-West-Geschichte zu veröffentlichen.

Meine Flucht von Ostdeutschland nach West-Berlin.
Diese war direkt über einen offiziellen Grenzübergang geglückt.
Ich wollte über die Verhältnisse, die meine Kindheit und Zeitteile meiner Jugend prägten, erzählen.
Diese Zeit verlebte ich in Ostdeutschland.

Von meinem Auf- und Abstieg in ost- und westdeutschen Landen erzählt diese Geschichte.

Kritik übte ich an beiden deutschen Systemen.

Beide Teile unseres Landes haben, in meinem Falle,
zu meinem Wohl und Wohlstand beigetragen.

Die Teilung meines Vaterlandes konnte und wollte ich niemals akzeptieren.

Wir waren immer ein Volk.

Der deutsche Grenzfall am

9. November 1989

war einer der größten Glücksmomente meines
Lebens.

1.Auflage

2016 by Verlag tredition, Hamburg

Autor: Raik-Michael Pabst, Leipzig

ISBN: 978-3-7345-7182-4 Hardcover

ISBN: 978-3-7345-7181-7 Paperback

ISBN: 978-3-7345-7183-1 e-Book

Von einer deutschen Seele geredet

Kind - 1971

Wir schrieben das Jahr 1971.

Ein Spätsommertag Anfang September.

Ein Sonnabendmittag.

Das Klingelzeichen ertönte, endlich Schulschluss.

Das Zimmer der Klasse 2c, die ich besuchte, war in Sekunden schülerfrei.

Meine Gedanken weilten schon seit Stunden zu Hause, in meinem Elternhaus, im Norden von Leipzig.

Es war ein besonderer Tag, die Leipziger Herbstmesse wurde eröffnet.

Schnell lief ich die Straße der „Deutsch-Sowjetischen-Freundschaft" entlang, welch ein Name, überquerte diese am Eutritzscher Markt. Schon hier erlebte ich das Besondere.

Auf dieser Haupteinfahrstraße stauten sich Auto an Auto, bunte Westwagen, vermischt mit farbarmen Ostwagen.

Gäste der Messestadt waren gekommen.

Dann durchlief ich den Park bis zur Schluppe, wie die Durchgänge zwischen Grundstücken in Leipzig genannt werden.

Ganz nah am Zaun der rechten Grundstücke rannte ich durch diese Schluppe.

So hatte ich die beste Chance auf Sichterfolg.

Er war da, in seinem Grün, rund, mit zwei Kulleraugen, der Käfer mit Nürnberger Kennzeichen.

Unsere Tante besuchte uns zu jeder Messe.

Die Leipziger Messe war eine Mustermesse, keine Verkaufsmesse, es waren nur Muster ausgestellt worden.

Diese Messen fanden zwei Mal jährlich statt, im Frühjahr und Herbst.

Aussteller und Besucher aus Westeuropa, Westberliner und Westdeutsche gehörten natürlich dazu. Sie konnten für diese Messewoche ohne Visum einreisen, ein Sonderfall.

Für mich hatte diese Atmosphäre jedes Mal etwas aufregend Exotisches.

Tante Evchen kam zu uns, aus einem anderen Deutschland, das einmal mit unserem vereint gewesen sein sollte. Für uns als Kinder unbegreiflich. Alles war so anders.

Endlich im Haus angekommen. Da war er wieder, der Duft nach Parfüm, westlichem Parfüm. Das ganze Haus war erfüllt davon. Schnell die Schuhe ausgezogen.

Wir begrüßten uns herzlich.

Unsere Bananentante, wie sie von meinem jüngeren

Bruder genannt wurde, war wieder zu Besuch.

Eine Bananenstaude hatte sie in der Küche abgeladen.
Sie brachte uns immer so schöne Sachen mit. Eine Tüte mit verschiedenen Kaugummisorten für jeden, drei verschiedene Matchbox-Autos, die wir Jungs so liebten und sammelten. Es kam, wie immer, zur Entscheidung. Wir Brüder mussten, ohne Streit, entscheiden, wer erhält welches Modell.

Unsere Tante - sie konnte reden, reden von, aus einer fremden Welt, Westdeutschland. Für uns unbegreiflich, kaum begreiflich. Es waren Familien-Großfeste, wie ich sie später selten wieder erleben sollte.
Auch weitere Verwandte kamen noch am selben Tag aus dem hohen Norden zu Besuch – aus Güstrow.
Es wurde viel geredet, diskutiert, gegessen, erlebt, gelebt und das Zusammensein genossen.
Für uns ging dann am Sonntag ein deutsch-deutsches Familien-Wochenende seinem Ende entgegen. Unsere Tante fuhr am Sonntagnachmittag ab, nach Hause - ihrem Zuhause - für uns nicht erreichbar. Unter Tränen verabschiedeten wir uns von ihr. Diese Grausamkeit der bewussten Trennung wurde für mein weiteres Leben bestimmend.
Die Messewoche verrannte schnell. Viele Leute gingen in unserem Elternhaus ein und aus. Fast alle Zimmer des

Hauses wurden an Messegäste vermietet. Es war eine sehr lukrative Einnahmequelle für harte Währung. Meine Eltern vergaben die Zimmer vorwiegend an Westdeutsche oder Westeuropäer. Auch wir Kinder hatten unsere Zimmer für diese Woche geräumt und zogen in das blaue Wohnzimmer, unserem Esszimmer. Das zweite, das grüne Wohnzimmer blieb Stube. Wir taten es gerne. Unsere Eltern sprachen im Vorwege mit uns und erklärten uns die Notwendigkeit der Vermietung. Nur für die erwirtschafteten Westmark waren Anschaffungen für Haus und Auto möglich. Nur durch die Zusatzeinnahmen in Westmark könnten wir uns die Urlaube in Ungarn oder Bulgarien leisten können, sagten sie.

Wir waren ja eine 5-köpfige Familie. Im deutschen Teil des Mangels, mangelte es auch an ausreichend Taxis.

Um zur Messe den Gästen der Stadt die Illusion einer Weltstadt zu vermitteln, wurden Zusatztaxi´s zugelassen, nur für diese Messewoche. Autobesitzer aus dem Volk konnten sich bewerben um eine Zulassung als Taxifahrer, mit ihrem Privatfahrzeug. Sie mussten eine Kurz-Taxi-Prüfung vor der Messewoche ablegen. Unser Vater nahm sich für diese Woche Urlaub und fuhr Taxi mit unserem Lada, einem 4-türigen Fahrzeug aus russischer Produktion. Das war eine weitere Einnahmequelle neben der Zimmervermietung. Die Messeaussteller, die zu Gast bei uns waren, luden, wörtlich genommen, immer

Werbegeschenke ihrer Firmen bei uns ab.

Kataloge, Abzeichen, Kugelschreiber - alles begehrte Tauschobjekte in meinem Freundeskreis und der Schule. Diesmal aber war etwas für mich sehr Wertvolles unter den Geschenken. Ein Schweizer Messer, traditionell in rot gehalten mit weißem Kreuz darauf, zwar umseitig mit Werbung versehen, aber für mich das Geschenk, das ich bis heute behüte und liebe.

Nach Messeende, der letzte Gast war abgereist, tagte der Familienrat. Die Kasse wurde gestürzt. Es war unsere Familienzeremonie. Alle Einnahmen wurden gezählt, getrennt in Ost- und Westmark.
Jeder von uns Brüdern erhielt 20 Westmark für die Hergabe ihres Zimmers. Das war ein Vermögen für uns.

Einkauf - 1971

Durch die Zusatzeinnahmen zur Messe in harter Währung konnten wir uns viele Wünsche erfüllen. All das, was in Leipziger Läden und Kaufhäusern nicht zu haben war, wurde für die harte Mark im Intershop angeboten. Auch Spielzeug. Es war wie ein Rausch unter diesen herrlichen Sachen aussuchen zu können. Wieder begegnete mir dieser Duft nach Parfüm, Waschpulver, ich will es Westlichkeit nennen. Unbeschreiblich war das

Einkaufserlebnis in dieser so fremden westlichen Welt, eingerichtet von Sozialisten für das eigene Volk, sozialistisch aber mit Westmark. Kapitalismus im Sozialismus. Für die größeren und schöneren Spielsachen reichte meist das Westgeld nicht aus. Wieder ließ mich die Faszination für die Matchbox-Modellautos ein solches wählen - einen Jungen von 7 Jahren.

Der Alltag war wieder eingekehrt in der Stadt und unserem Haus.

Der Glanz, die Farben und Düfte fuhren gen Westen. Das Grau hatte uns wieder, dieses ewige Grau.

Einfluss – permanent

Durch meine westdeutsch-freundliche, aber auch kritische Erziehung, weiß ich heute, hatte ich meinen Klassenkameraden gegenüber einiges voraus.

Erklärung von Umständen:

Meinen Vorfahren wurden die Grundstücke in Pommern genommen, bedingt durch den verlorenen Krieg.

80 Prozent unserer Familie lebt in Westdeutschland und Westberlin.

Beiden deutschen Staaten konnte ich kritisch gegenüberstehen, was mir aber erst im Laufe der Kindheitsentwicklung bewusster wurde. Diejenigen Mitschüler, die von ihren Eltern nur einseitig auf den Ost-Staat eingeschworen wurden, konnten keine Objektivität entwickeln.

Von ihnen unbewusst, entfachten meine Eltern im Laufe meiner Kinderjahre in mir eine Sehnsucht nach totaler Freiheit, die für mich nur der westdeutsche Staat geben konnte. Kein Gedanke an Amerika oder Australien. Für andere Menschen, der Inbegriff für Freiheit. Ich fühlte mich als Deutscher und wollte „nur" den anderen Teil erleben, in diesem leben, nicht aus Verachtung meiner sächsischen Heimat, sondern aus Notwendigkeit um mein Ziel zu erreichen, mein Lebensziel zu verwirklichen.

Das Rüstzeug für meinen Kampf in Westdeutschland wurde mir bereits in Ostdeutschland gegeben. Es gab keinen besseren Lehrmeister. Der Wissensdurst der Ostdeutschen über den anderen Teil des Landes war so groß, wie er umgekehrt, damals, nicht erfahren wurde.

Meine Kindheit erlebte ich ruhig im sicheren Elternhaus, abgeschirmt von den extremen politischen Einflüssen der Gesellschaft.

Meine Eltern gaben mir ein politisch unabhängiges Urteilsvermögen mit auf den Weg.

Die Ostgesellschaft lehrte mich zu improvisieren in jeglicher Form.

Schrottarbeit – 1976

Auf dem Heimweg von der Schule nahm ich immer eine Abkürzung durch eine Firma, die Schrauben produzierte. Die Tore der Fabrik waren offen. Freier Durchgang.

Mir waren die sehr großen Gitterboxen aufgefallen, in denen vor sich hin rostende Megaschrauben im Freien gelagert wurden.
Die kurze Nachfrage im Betrieb, ob ich diese zum Altstoffhändler verbringen könnte, wurde bejaht.
So erschloss sich mir eine ständig, unendlich erscheinende, anzapfbare, Einnahmequelle. Wann immer es mir die Zeit erlaubte, belud ich den, von meinem Vater selbst gebauten, geschweißten, einachsigen Stahlhandwagen mit diesem Schraubengut. Quer durch den Park zeichnete ich meine schwere tiefe Spur.
Der Altstoffhändler, heute Recyclinghof genannt, befand sich auf einem Berg.
Nach dem schweren Zug durch den Park musste ich noch einige viele Höhenmeter auf der Straße zurücklegen.
Der Handwagen war bereift mit Hartgummi. Durch die permanente schwere Last wurde die Bereifung zerstört. Dadurch zog ich mein Wertgut im Weiteren auf reinen Stahlrädern, ohne Bereifung, dem Umtauschhandel entgegen. Auch Spuren auf dem Asphalt waren die Folge.
In unserer Wohnsiedlung wurde irgendeines Tages mit

dem Austausch der Straßenlaternen begonnen.

Gas gegen Strom. Die Gaslaternen aus den 30er Jahren waren auf Masten aus Gusseisen befestigt.
Nach der Demontage lagerten diese Masten auf allen Fußwegen im Viertel. Ein Geschäft tat sich auf.
Mit Hilfe des fast zerstörten einachsigen Handwagens aus Vaterproduktion beförderte ich eine dieser Masten zu meinem Schrotthandel. Was für eine Zieharbeit bergauf.
Gern hätte ich den Tauschpreis Guß gegen Aluminium in Empfang genommen. Das ostdeutsche Kleingeld war vorwiegend aus Aluminium gefertigt (Vorsicht bei Wind – es flog aus der Hand).
Aber nein, einer Abnahme meines Pfahles wurde widersprochen mit der Begründung, es sei Stadteigentum. Rechtlich gesehen war es ja nicht mein Eigentum. Rücktransport, diesmal bergab, erfolgte an die gleiche Stelle der Entnahme.
Nachtrag.
Mein Vater war nach der Feststellung der Zerstörung seines Handwagens unbegeistert.

Kleingeschäfte bis zum Ende meines Lebens Nummer 1

Bereits als Schüler, noch in den unteren Klassen beschäftigt, hatte ich eine Geschäftsidee.

Gemäß einer Überlieferung von unserer Großmutter hatten wir Kinder uns Bonbons einfach selber gemacht. In einer Pfanne wurde Margarine zerlassen und Zucker hinzugegeben, teils auch mit Haferflocken verfeinert.
Nachdem der Zucker karamellisiert war und bräunlich wurde, teilte ich die Masse.
Mit einem großen Löffel wurden verschieden große Kleckse auf einem leicht mit Wasser befüllten Essteller verteilt. Nach dem Erkalten waren Wunderbonbons, nach alter Art, entstanden. Diese verkaufte ich an der Straße vor unserem Haus.

xxx

Durch meinen unbegrenzten Zugang zur Mark des Westens taten sich für mich vielseitige Möglichkeiten der Geldvermehrung auf.
Dazu später.

xxx

Die Sammlungen von Modellautos der englischen Marke „Matchbox" waren immer wieder und permanent interessant.
Die Sammelstücke meiner Mitschüler schaute ich mir regelmäßig an. Unbeschädigte Fahrzeuge kaufte ich, zum Preis von einer Westmark.

In der Leipziger Georg-Schumann-Straße war damals ein An- und Verkauf ansässig, in chinesischer Hand.

Gern kaufte er meine Kleinfahrzeuge an, zum Festpreis von 12 Ostmark.

Somit erzielte ich einen Umtauschkurs von 1 DM zu 12 Mark Ost. Rückgetauscht (Kurs 1:5) erhielt ich 2,40 DM,

Gewinn 1,40 DM pro Auto, entsprechend 140%.

Ein kleines Vermögen für mich als Schüler.

xxx

Um weiteren Geldzuwachs zu erwirtschaften, machte ich mich weit vor Schulbeginn auf den Weg zu den Erdbeerfeldern in Böhlitz-Ehrenberg, per Fahrrad.

Vom Haupttreffpunkt des Erdbeerhofes wurden die Pflücker mit Bussen auf die Felder gefahren.

2 Stunden betrug meine Pflückzeit.

Dann musste ich meine halbstündige Rückfahrt per Fahrrad nach Leipzig-Gohlis antreten.

Danach war der Wissenszuwachs das Pflichtprogramm – Schule.

Info: Erdbeeren waren Mangelware in Ostläden, mit Namen Konsum und HO.

Ein anderer Erdbeermorgen

Ich erhielt als Pflücker die Möglichkeit, einen kompletten Korb zu erwerben. Mit der Errungenschaft wollte ich meine Familie überraschen. Auf dem Gepäckträger meines Rades befestigte ich den Korb und fuhr die einigen vielen Kilometer nach Hause.

Der schlechte Straßenzustand hatte zur Folge, dass die Fracht während der Fahrt zu Erdbeermus verdichtet wurde. Mein Fahrrad wurde mit Fruchtsaft besudelt.

Ein Genuss war nicht mehr möglich.

Zur Reinigung meines Rades hatte ich zu keiner Folgezeit eine Lust gefunden. Das Hinterrad verschimmelte.

Dann kam das Moped.

xxx

Größere Betriebe unterhielten und bewirtschafteten sogenannte Ferienlager. Dort konnten die Kinder der Beschäftigten einen Teil ihrer Ferien verbringen. Der Standort eines dieser Lager des „Wärmeanlagenbau Berlin", in dem mein Vater beschäftigt war, befand sich in der CSSR, der heutigen Tschechischen Republik.

Eine Begegnungsstätte für deutsche und tschechische Kinder, die sich das Lager dort teilten. Mit einem eigenen Bus wurden wir Kinder dorthin verbracht.

12 Stunden Fahrt ab Leipzig mussten wir ertragen.
Jedes deutsche Kind sollte kleine Gastgeschenke, im Zirka-Wert von 30 Mark, mit im Gepäck haben.

Verschenkt hatte ich diese allerdings nicht. Ich habe sie verkauft an die Tschechen. Somit konnte ich mein Urlaubsgeld verdoppeln.
Für den Überschuss an tschechischen Kronen kaufte ich Dinge, die in Leipzig nicht kaufbar waren, wie zum Beispiel Ananas- oder Orangensaft und gezuckerte Kondensmilch in Tuben.

xxx

Mein Elternhaus wurde einst über Wasserleitungen aus Blei versorgt. Ein Austausch stand an. Die alten Bleirohre lagerten bei uns im Keller.
Mein Vater stimmte dem freien Verkauf des Altmaterials, durch wen und an wen auch immer, zu.
Einen Teil verkaufte ich an meinen Altstoffhändler. Es wurde sehr gut gezahlt damals, 1,80 Mark pro Kilo. Das weitere Material wurde zu Soldaten. Aus dem Spielzeugbestand meines Vaters hatte ich Formen zur Herstellung von Bleisoldaten übernommen.
Ich goss und goss. Die fertigen Teile malte ich mit Filzstiften an, aus Westproduktion, verpackte sie in Folie und verkaufte diese in der Schule.

xxx

Wie bereits erwähnt, konnte ich Ostmark in unbegrenzter Höhe in Westmark umtauschen zum Kurs von 5 zu 1.
Viele meiner Mitschüler hatten keinen Zugang zu der harten Mark unseres Vaterlandes.
Abhilfe konnte ich schaffen. Zum Kurs von 5,8 zu 1 bot ich das kaufkraftschwere Geld an. 16% Gewinn.

xxx

Als Mopedfahrer dann starteten mein mittlerer Bruder und ich unserem Hauptbahnhof regelmäßig einen Besuch ab. Mit Umhängetaschen bewaffnet, liefen wir die Bahnsteige ab und sammelten Leergutflaschen. Zur damaligen Zeit waren die meisten Flaschen mit 30 Pfennig Pfand belegt. Eine halbe Stunde Arbeit erbrachten 20 Mark Sammelgewinn. Top für einen Schüler. Fahrtzeit und Benzinkosten waren noch abzuziehen. Wir teilten brüderlich.

xxx

Im Keller unseres Elternhauses sammelte sich ebenfalls Leergut an, aus Familienbestand. Keiner der Familie wollte dieses wieder in Geld umtauschen, auch aus Zeitgründen.

Mein Vater war ja sehr oft auf Dienstreise unterwegs, meine Mutter berufstätig, ohne Auto, meine Brüder hatten noch kein Moped.

Mein Tag kam, mein Vater verkündete.

Der Erlös durch den Verkauf der Flaschen wurde an uns Brüder freigegeben. Das Kellerlager habe ich daraufhin geräumt.

xxx

Um ein weiteres Flaschengeschäft anzuschieben verfasste ich im Jahre 1983 ein Schreiben und vervielfältigte es. Angeboten hatte ich die kostenlose Abholung von Leergut nach freier Terminvereinbarung.

Diese Schreiben, heute Flyer genannt, verteilte ich in der Wohnsiedlung. Telefonanschlüsse waren sehr begrenzt vergeben in dieser Ostzeit. Also vermerkte ich unsere Heimatadresse auf dem Papier. Die schriftlichen Anfragen der Flaschenloswerder waren enorm. Als neuer Autobesitzer mit großer Heckklappe und umklappbarer Rückbank, Renault 4, genannt R4, hatte ich die Beförderung leicht bewerkstelligt.

Die Behördenantwort folgte prompt. Es handele sich bei dieser Art der Sammlung um ein privates Gewerbe und wäre somit verboten.

Das Angebot der Stadtverwaltung: ich könne mich gern bei einem staatlichen Altstoffhandel verdingen.

DOCH NICHT ICH - Ende der Kleingeschäfte

Russenname – Zeit wurde nicht recherchiert

Die Schulen in Leipzig waren mit Nummern belegt.
Ich besuchte die 34. Polytechnische Oberschule (POS).
Wohl bereits seit Urzeiten bestand diese Nummerierung.
Alles war gut zu verstehen und logisch.

Wir Schüler wurden informiert, dass unsere Schule umbenannt werden sollte.
Der Nachfahre eines russischen Kriegsveteranen wollte unserer POS den Namen seines Vaters verleihen.

„Michael Kalinin" sollte unsere Schule künftig heißen.
Es war wirklich so gekommen. Fahnenspaliere wurden wochenlang geprobt. Ich musste eine Arbeiterfahne, die rote, befestigt an einem Holzstab, auf meinem Knie platzieren.

Der Russe kam. Bis heute kann ich diesen Verrat an einer deutschen Schule nicht nachvollziehen.

Provokationen

Unserer Familie wurden regelmäßig Pakete aus Westgermanien zugesandt. Die Verwandten meinten es sehr gut mit uns.
Meine Cousine aus Hamburg schenkte mir eine sogenannte Papierjacke. Die Jacke war hauchdünn, wie Papier. Eigentlich kein echter Schutz gegen Wettereinflüsse, ein wenig gegen Wind vielleicht. Bedruckt war sie kunterbunt mit verschiedener Werbung von westlichen Firmen. Dieses Stück trug ich damals in der Schule, bis zum Verbot.

Eine echte Goldkette, im Intershop erworben, zierte meinen Hals. Als Anhänger trug sie einen westdeutschen Pfennig, meinen Glückspfennig. Im väterlichen Schraubstock hatte ich dieses Geldstück eingespannt und mit einem kleinen Loch versehen.
Dieser offen getragene West-Pfennig sollte meine Einstellung zum System zeigen.

Mein Lehrmeister bemerkte später, zum Jahresabschluss, in seiner Beurteilung, ich stünde dem Staat kritisch gegenüber.

Beim Aufschlagen meines Portemonnaies stach dem Fremdbetrachter, auch mir selbst, eine deutsche Fahne ins

Auge, ohne sozialistische Symbole.

Dieses kleine Papierteil hatte ich aus einem Katalog geschnitten und in das Kunstlederteil eingeklebt.

Jugendarbeit - 1978

Einem, bisher noch leise, bekennenden Gegner des linksextremen deutschen Staates, der ich war, erschloss sich eine neue Idee um das System zu bekämpfen. Der Sozialismus unterstützte und förderte mit großem Aufwand die Kinder- und Jugendarbeit, um die Heranwachsenden auf deren Weg einzuschwören.

Meine Überlegungen gingen dahin, eine Jugendgruppe zu gründen, die parallel arbeitete zur staatlich verordneten Organisation „Freie Deutsche Jugend", FDJ.

Unsere offiziellen Ziele sollten ähnlich angesiedelt werden, wie die der FDJ. Nach außen hin würde der russisch-deutsche Sozialismus in vollem Umfang unterstützt werden. So sollte diese Organisation eine offizielle Daseinserlaubnis erhalten und behalten.

Zwei Freunde und ich gründeten die „Demokratische Jugend", die „DJ". Aufgenommen in unsere DJ wurden ausschließlich Jugendliche, die empfohlen wurden von einem unserer Mitglieder.

Diese mussten dem Empfehlenden persönlich bekannt sein.

Voraussetzung für die Aufnahme in unsere Organisation war, dass diese Menschen dem Ost-Deutsch-Staat kritisch gegenüber standen. Ihre diesbezügliche Meinung jedoch durften sie jedoch nirgends öffentlich machen. Schweigen bis zum Tag „X". Unser Kampfziel war klar definiert. Wenn die Mitgliedsstärke auf eine Zahl angewachsen war, die sich mit der FDJ hätte messen können, würde die DJ sich umkehren, gegen den Staat. Am Tag „X". Das System sollte zum Wanken gebracht werden und schließlich zum Sturz. Meine Großmutter aus Güstrow nähte uns unsere Vereinsfahne, in den Farben Grün-Weiß. Mit unserer Fahne fuhren wir dann durch Leipzigs Straßen. Keiner konnte erahnen, dass es sich dabei um ein politisches Symbol handelte. In Leipzig gab und gibt es einen Fußballverein, den „Chemie Leipzig". Die Vereinsfarben glichen den unseren. Wir trafen uns mit unseren Mopeds „S 50", von dem Hersteller Simson, außerhalb der Stadt und besprachen die Mitgliederwerbung. Gesellschaftskritiker gab es genug unter uns Jugendlichen. Aber wir mussten uns sicher sein, dass sie in jeder Hinsicht zuverlässige Mitglieder werden könnten. Die Mitgliedsausweise fertigte ich selbst an. Aus grünem Restmaterial der Buchproduktion des Leipziger Institutes für „grafische Technik" fertigte ich die Einschläge. Meine Mutter war dort als Chefsekretärin tätig und brachte die Abfälle mit. Wir Kinder durften damit basteln, was ich ja auch tat.

Bewusst war mir die Härte des Kommunistenstaates, mit der dieser gegen seine Gegner vorging. Das Instrument „Stasi" war überall spürbar und gegenwärtig. Mein Gewissen kam ins Wanken. Meine Überlegungen und Gedanken veränderten sich. Neu. Wenn ich den Aufbau meiner Jugendgruppe weiter vorantreibe, würde ich zum verfolgten Gegner des Staates werden. Die Entscheidung musste ich jetzt finden, den Staat bekämpfen und dafür wertvolle Jugendjahre verwenden wohl mit dem wahrscheinlichen Ende, als politischer Gegner im Gefängnis zu landen oder ich verlasse den Ostteil des Landes, als junger Mensch.

Ich entschied mich für das Letztere.

Sehnsucht - 1978

Der Wunsch, die Sehnsucht nach der anderen Seite des Landes, für mich war es immer ein Gesamtdeutschland, wuchs mit zunehmendem Alter. Es ging mir nicht nur um Reisefreiheit, die ich für mein Leben praktizieren wollte und musste. Auch Gedankenfreiheit und wirtschaftliche Freiheit waren für mich wichtige Ziele.

.

Westdeutsche kamen und gingen, all die Jahre.

Unsere West-Verwandten nahmen meinen Fluchtwunsch auf und versprachen Hilfe auf ganzer Linie. Jedoch, je konkreter mein Drängen als 14-Jähriger wurde, desto distanzierter wurden ihre Aussagen. Eine Flucht nur mit Zusage beider Elternteile, eine Flucht zu teuer, momentan zu schwierig, so die Aussagen. Die Luftblasen wurden unerträglich groß. Die Hoffnungen auf Hilfe zerplatzten. Später sollte ich erfahren, musste ich schmerzlich erfahren, dass viel Geredetes und Versprochenes von Menschen aus dem anderen Deutschland der Wahrheit nicht standhielt.

Eltern

Meine Mutter trat mit aller Kraft meinen Fluchtgedanken entgegen. Sie hatte Angst vor einem Nimmer-Wiedersehen und vor einer Ausgrenzung meiner Brüder aus der ostdeutschen Gesellschaft. Nicht unbegründet. Die spätere berufliche Entwicklung meiner Brüder wäre durch einen „Staatsfeind-Bruder" gefährdet. Mein Vater sah die Übersiedlung nicht so emotional. Gegen eine Flucht hatte er nie wirklich argumentiert. Seine Sicht verstand ich als Bestärkung und Rückendeckung für mein Vorhaben. „Der westdeutsche Staat sei eine Gesellschaft für junge, gesunde und starke Menschen" meinte er. „Deshalb sollte ich, wenn ich meinen Träumen unausweichlich Taten folgen lassen wollte, als junger Mensch in den anderen Teil Deutschlands übersiedeln" so mein Vater.

Mein Wille manifestierte sich zur Ausführung.

Gedanken

Mit meinem Drängen zur Flucht auf mich allein gestellt, beherrschten mich die abenteuerlichsten Gedanken eines Grenzübertritts:

1. Wir Brüder besaßen ein großes, dickwandiges Schlauchboot, ein Geschenk von unserer Großmutter aus Güstrow. Mit diesem über die Ostsee paddeln?
2. Im Frachtraum eines LKW über die CSSR nach Österreich?
3. Von Bulgarien in die Türkei mit einem Schnellboot? Die Idee basierte auf einem Gedanken meines Westberliner Onkels.
4. Von Ungarn aus zu Fuß nach Österreich?

Erster Versuch - 1979

Als 15-Jähriger nun, verfassten mein Freund und ich einen Plan, nahmen uns den Mut, das Land zu verlassen. Obwohl ich im Besitz des Führerscheines und eines Mopeds war, beschlossen wir per Anhalter in die CSSR einzureisen. Denn das Moped müssten wir ja im Falle der Flucht dort zurücklassen. Die Vorbereitungen wollten gut überlegt sein. Meine gesamten Westmark-Vorräte versteckte ich in meiner Unterhose.

Es waren 360,00 an der Zahl. Meine Goldkette behielt ich um den Hals. Der westdeutsche Glückspfennig lagerte unter meiner Zunge. Die Adressen meiner Verwandten in Westdeutschland hatte ich bewusst nicht mitgenommen, um keinen Verdacht zu erwecken. Von mir unbemerkt verblieb ein 50 Pfennig-Stück West in meinem Portemonnaie, das daneben nur Ostgeld beherbergte.

Die Dinge nahmen nun ihren Lauf.

Mit der Leipziger Straßenbahn fuhren wir quer durch die Stadt, Richtung Süden, zur Fernverkehrsstraße 2 (F 2). Per Anhalter wollten wir weiter.

Geschlagene zwei Stunden verbrachten wir an der Fernverkehrsstraße Richtung Karl-Marx-Stadt, bevor uns ein Fahrer älteren Baujahres einlud mitzufahren.

Seinen Wartburg, ein ostdeutsches Fahrzeug, lenkte er mit uns bis kurz vor die besagte Stadt. Ein Gespräch wollte nicht so recht aufkommen. Wohin, warum, wie geht's, was macht ihr? - Ende. Ein großes Stück war geschafft. Nun Weitersuche nach dem oder der Unbekannten, die nun genau den Weg in Richtung CSSR fahren und dann noch uns mitnehmen wollte.

– Keine Chance-

Wir entschieden uns mit dem Verkehrsmittel der Öffentlichkeit durch Karl-Marx-Stadt, heute endlich wieder namentragend Chemnitz, zu fahren bis hin zu der Straße des deutschen Landes, die in Richtung CSSR weiterführt. Nach einer ¾ Stunde stoppte ein Wagen aus der Produktion der sozialistischen Sowjetrepubliken, mit Namen „Moskvich". Das Fahrzeug hielt Stand und beförderte uns bis an den östlichen Rand des Nachkriegsdeutschlands. Entlassen vor der Grenze ging es weiter per Fuß zum Durchlass. Wie schon die Jahre vorher bei anderen Ostreisen, erwiesen sich die ostgermanischen Grenzer als die unerbittlich härtesten im Block des Ostens.

Ausweiskontrolle.

Mein Fehler. Ein 50-Pfennig-Stück West hatte ich dabei.

Aufgefallen, aufgespürt war es bei der Durchsuchung des Gepäcks und der Geldbörse. Export verboten. Ein Punkt des Verdachtes war gegeben. Verhör.

Die Fragen: von wem das Geldstück, warum im Portemonnaie, welche Verwandtschaft in Westdeutschland, Namen, Adressen, Grund des Geldgeschenks.

Das Protokoll „1" war fertig. Hinsetzen, warten. Ein Blitzgedanke durchfuhr mich: das Gepäck war ja bereits kontrolliert worden. Also mussten die warm verstauten Scheine der westdeutschen Währung genau dorthinein. In einem unbeobachteten Moment wechselte das

Geldpäckchen seinen Aufenthaltsort.

Weitere Schikane von Deutschen an Deutschen.

Leibesvisitation.

Mein Freund musste sich ausziehen bis auf die Haut. Sein Mund wurde ausgeleuchtet, er musste sich bücken, sein Hintern wurde abgeleuchtet. Wieder anziehen. Nach meinem Freund musste ich das Gleiche über mich ergehen lassen. Das Ende nahte.

Protokoll „2" war getippt. Wir durften nach 2 Stunden des Grenzaufenthaltes weiterreisen. Weitergehen.

Die Kontrolle der östlichen, tschechischen Nachbarn – gleich null - .

Verunsichertes Wandern auf weiteren Straßen. Kein motorgetriebenes Gefährt konnte seinen Fahrer animieren, uns beide mitzunehmen. Im nächsten Dorf genossen wir ein Tschechisch-Mahl. Es war auch dringend an der Zeit nach Wanderei und Nacktschau. Weiter ging es in das Land. Dunkelheit zog auf. Dunkler als in Ostdeutschland, so schien es. Keine Unterkunft sich finden ließ. Im nächsten Ort nächtigten wir dann in einem Haltestellenwartehaus. Mehr schlecht als recht. Es wurde kalt in der Nacht in diesem August. Der nächste Tag erwachte und weiter ging es in Richtung Prag. Nach kurzem Gang durch den Morgen ertönte es: „Ausweiskontrolle!" in tschechischem Deutsch.

Ein Ordnungsmächtiger verlangte unsere Papiere.

Es handelte sich um eine Routinekontrolle. Frage auf fast Deutsch: „wohin des Wegs ?"
Unsere Antwort: „nach Prag" beruhigte wohl.
Wir wurden unbehelligt aus seinem Machtbereich entlassen.
Eine freundliche Tschechin hielt und ließ uns in ihrem Skoda Platz nehmen. Bis an den Rand der Hauptstadt wurden wir mitgenommen.
Diese Stadt hat ihren eigenen Geruch, schon immer, bis heute. Mehrere Male war ich schon hier gewesen mit meiner Familie. Mit der Bahn der Straße bewegten wir uns in Richtung Stadtzentrum. Noch immer saß uns der Schreck im Körper, wegen der scharfen Grenzkontrolle und der tschechischen Nachtkontrolle. Mein Freund hatte die Nase voll von Flucht. „Wir fallen zu sehr auf" meinte er. Es musste uns wohl ins Gesicht geschrieben sein, welches Vorhaben wir verfolgten. Um dieser Reise, trotz allem, etwas Positives zu verleihen, nannten wir es, Pragbesuch.
Diese Stadt hatte und hat noch immer etwas Faszinierendes. Der Rhadschin (Burg), der alte Stadtkern darum. Der Verfall nagte auch hier. Vermutlich machte aber gerade das Bröckeln der Fassaden die Romantik und den Charme dieser historischen Stätte aus. Die Vergangenheit war überall spürbar. Die Straßenbahn

bewegte sich auf veralteten, schiefen Gleisen, die sich den Wellen der Straßen angeglichen hatten.

Am Abend traten wir die Heimreise an - auch auf Bahnschienen. Die Erfahrung ließ mich den Besitz des westlichen Geldstückes bei Grenzübertritt anmelden. Trotzdem, Protokoll musste sein. Deutlich erkennbar, diese Beamten verkörperten in ihrem Auftreten und ihrer Härte, die Folgediktatur des Hitler-Regimes.

Tausch: Braun gegen Rot.

Staatsgrenze war Staatsgrenze: 1945 wie 1979.

Der Name „Friedensgrenze" war nicht von Bedeutung.

Geschafft, der Zug rollte wieder. 360,50 DM weiter an Bord. Ohne weiteren Zwischenfall erreichten wir unser Noch- Leipzig.

- Nacht -

Bewerbung - 1979

Im Oktober des Jahres 1979, ich besuchte die 9. Klasse, erhielt jeder Schüler vor den Herbstferien eine Bewerbungskarte. Nur mit dieser konnten wir uns nun um eine Lehrstelle bewerben, aber nur bei einem Betrieb, denn es wurde nur eine dieser Karten ausgegeben. Also hieß es, als oberstes Gebot, genau auswählen, welche Chancen bestehen, den angestrebten Lehrplatz bei genau diesem Betrieb zu erhalten. Sollte denn eine Ablehnung der Bewerbung erfolgen, waren bereits 7 bis 10 ostdeutsche Tage ins Land gestrichen. Vornehmlicher Auswahlmodus war der Durchschnitt der Schulnoten. Die Bewerbung erfolgte bereits ein Jahr vor Lehrbeginn. Mein Traumberuf, den ich ein Jahr später erlernen wollte, war Kfz-Schlosser. Ein Beruf, der die besten Möglichkeiten der Fusch-Arbeit bot. „Fuschen gehen" nannten wir die Arbeit nach Feierabend für Freunde, Bekannte oder für Bekannte von Bekannten. Die Handwerker wurden immer durch Weiterempfehlung weitervermittelt. Das gezahlte Geld wurde der Natur nach nicht versteuert und nirgends angegeben. Staatlich geduldet und nicht verfolgt. Eine Säule der Gesellschaft in der ostdeutschen Misswirtschaft. Die Staatsbürger erhielten meist nur durch solche Handwerker eine schnelle und gute Ausführung.

Die Wartezeiten auf eine reguläre Leistung durch Staatsbetriebe waren unerträglich lang oder nur durch Bestechung, meist in West-Mark, möglich. Oder nur von einer Gegenleistung abhängig.

Das System funktionierte. Jeder kannte es und nutzte es. Ein System aus der Nachkriegsnot geboren.

Aber zurück.

Meine Bewerbung übergab ich persönlich, das war ein Muss. Bei einem Leistungsdurchschnitt von 2,0 errechnete ich mir gute Chancen. Es kam allerdings anders. Ablehnung nach 9 Tagen. Eine Katastrophe für mich. Die Lehrstelle wurde an einen Bewerber mit einem Leistungsdurchschnitt von 1,3 vergeben.

Die Bewerbungspflicht war ja gesetzlich festgeschrieben.

Also, was nun ? Die interessanten Lehrstellen waren nach dieser Zeit längst vergeben. Mit meiner zurückerhaltenen Bewerbungskarte konnte ich mich nun neu bewerben, wieder bei nur einem Betrieb. Ich bewarb mich bei dem „Baukombinat Leipzig" zur Ausbildung als Baufacharbeiter, sprich, einem aufgewerteten Maurer. Fusch-Arbeit war auch in diesem Beruf überausreichend möglich. Es sollte schon eine Ausbildung sein, die die Arbeit nach Feierabend ermöglichte. Zwei Tage später, erhielt ich die erfreuliche Bestätigung. Es war nicht mein Traumberuf, aber ein Beruf, auf den ich aufbauen konnte.

Lehre - 1980

Das zehnte Schuljahr verging ohne nennenswerte Vorkommnisse. Abschluss mit „2" der Polytechnischen Oberschule, POS, der mittleren Reife entsprechend. Nach den Sommerferien - Lehrbeginn.

Das Maurerwerkzeug wurde vom Kombinat, so wurden große Firmen ist Ostdeutschland genannt, zur Verfügung gestellt, Maurerkelle, Wasserwaage, Maurerhammer, Zollstock und der schmucke gelbe Bauhelm.

Der erste Tag auf der Baustelle.

Es war auf der Baustelle kein Umkleideraum und kein abgeschlossenes Lager vorhanden. Der Rohbau stellte nur nackte Räume. Mit Fenstern zwar, aber ohne Türen. Unsere erste Aufgabe bestand darin, zwei Türen zu zimmern. Holzbretter waren leicht zu finden, sie lagen kreuz und quer herum. Neue Nägel gab es nicht. Wir mussten also krumme Nägel auf dem Gelände der Baustelle zusammensuchen und gerade schlagen. Ich war schockiert. Ein halber Arbeitstag verging, ehe wir Lehrlinge, acht an der Zahl, genügend Nägel gesammelt hatten. Welch eine Ökonomie.

Einige Tage später wurden uns Ziegelsteine auf die Baustelle geliefert. Die Hohl-Steine wurden vom LKW-Fahrer einfach abgekippt. Ein großer Teil der Ladung zerbrach in seine Einzelbestandteile. Die Lieferung umfasste nach der Ladungsvernichtung 40 % ganze, 25 % halbe Steine. Der Rest war in ¼ (Quartierchen genannt) und Schutt zerbröselt. Wohl im Lieferalltag für normal genehmigt, wurde uns im Theorie-Unterricht eine entsprechende Verarbeitungsmethode gelehrt. Der Baustellensparverband. Dieser sah vor, die ¼ - Steine mit in den vorgeschriebenen Mauer-Verband zu integrieren. Sozialistische Sparmethoden, sehr effektiv, bei höherem Mörtelverbrauch sowie Arbeitsaufwand. Die Verarbeitung, auch die der ganzen Steine, stellten hohe Anforderungen an den Maurer dar. Wegen der schlechten Brennung der Steine und der mindestens 5. Sortierung, denn die ersten Qualitäten wurden in den Westen exportiert, mussten wir allseits verformte Steine vermauern. Eine gerade Wand zu fertigen war schwer möglich.

Um eine Wand im Maurerverband herzustellen, waren auch ¾ - Steine zwingend erforderlich. Diese muss der Maurer aus einem ganzen Stein fertigen, durch Abschlagen eines Viertels. Die Qualität des Materials ließ die Verwendung nur weniger Steine zu. Es bedurfte der Hörprobe. Ein schwacher Schlag auf den Stein ergab einen Ton frei. Ein hoher Ton versprach hohe Brennqualität. Nur solche Steine, sehr rar im Sortiment, ließen sich passgenau teilen. Ein dumpfer Klang kündigte bei einem Teilungsversuch Vernichtung an. Der Stein wäre bei einem Teilungsversuch meist wertlos zerfallen.

In Vaterlands Osten stellte Zement Mangelware dar. Selbst ein großes Baukombinat konnte es treffen.

Kein Zement. Zwangspause. Ein Tag, zwei Tage, drei Tage. Ohne Zement kein mauern. Für uns Lehrlinge gab Langeweile im Bauwagen. Bezahlte Nichtarbeit wegen Materialmangel. Vollbeschäftigung um jeden Preis. Bei einem Lohn von 4,50 Mark/ Stunde und 8 ¾ täglich davon, wohl kein Problem. Das Volk blieb ruhig, nicht jeder dachte nach, es funktionierte irgendwie.

Beim Bau einer Ambulanz im Stadtteil Leipzig-Grünau, die aus Beton-Fertigteilen zusammengesetzt wurde, sollte die Wandbehandlung unsere Aufgabe werden. Die Wände wiesen auf der einen Seite Unebenheiten auf und mussten auf der kompletten Fläche einer Seite mit Feinputz überzogen werden. Eine eigentlich unnötige Arbeit, sollte man glauben, bei industriell gefertigten Betonteilen. Wie wir erfuhren, wurden die frisch gegossenen Betonplatten im Freien gelagert. Um das Staatsziel, geführt unter dem Motto: „Jedem seine Wohnung, nicht jedem eine Wohnung", zu verwirklichen, produzierten die Werke rund um die Uhr. Die vorhandenen Trockenhallen für diese frisch gegossenen Platten reichten nicht aus. Die Betonteile wurden im Freien gelagert. Sodann ein Regen aufkam, plätscherte dieser auf die noch nicht gehärteten Platten nieder. Tropfenförmige Krater waren die Folge.
Gedanklich war ich noch immer auf der Großbaustelle im Stadtteil Grünau. Der komplett neu entstehende Stadtteil

sollte, gemäß Parteibeschluss, später 100.000 Menschen fassen. Es wurden auch 16-geschossige Häuser gebaut, besser gesagt, aus Betonteilen zusammengesetzt. Diese Teile wurden verschweißt. Auch im Winter wurde gebaut, Minusgrade kein Problem. Der Zementmörtel mit Bestandteil Wasser, fand auch zu dieser Jahreszeit seine Verwendung. Ohne Beachtung blieb das physikalische Gesetz, das Wasser bei Temperaturen unter null Grad Celsius gefriert Die massiven Wandplatten wurden auf frischen Mörtel gesetzt, der sofort gefror. Egal, weiter ging's, das beschlossene Plansoll drückte.

Zwischen den Platten im Innenbereich der Etagen verblieben nach der Montage senkrechte offene Fugen. Wir Lehrlinge sollten diese Spalten mit dem besagten Mörtel auswerfen, wie das Ausfüllen maurertechnisch genannt wird. Schön für uns. Ohne Probleme ließ sich der gefrierende Mörtel verarbeiten. Kein Abfallen, kein Rutschen. Er fror fest und fertig. Was im Frühjahr geschehen war, bei Tauwetter, unvorstellbar. Die neuen Mieter mussten mit den Rissen leben. Die stolzen Mieter erhielten ja eine Neubauwohnung zugeteilt.

Eine zusammengepfuschte Neubauwohnung.

Die Deckenplatten wurden mit Absätzen verlegt. Im Wohnzimmer zum Beispiel waren, wenn ich richtig erinnere, mindestens zwei dieser Platten gesetzt worden.

Aber die Höhen waren unterschiedlich. Der Mieter musste mit dieser erheblichen Deckenschändung leben und lebt es noch bis heute. Die Fugen wurden mit einer Teermasse ausgefüllt. Diesen Baufusch konnte und kann man nur mit einer Unterbaudecke versehen, um nicht permanent auf ein sozialistisches Bauversagen sehen zu müssen.

Rohstoffe sollten sparsam eingesetzt werden. Oberstes Gebot, so gelehrt, im rohstoffarmen „sozial"istischen Teil Deutschlands. Einsparmöglichkeiten sollten von jedem Staatsbürger aufgezeigt, dargestellt werden, so die Lehre. Als sogenannter „Neurervorschlag" verpackt, wurde eine Sparmethode von mir dargestellt und eingereicht.

Um die Betonplatten per Kran transportieren und montieren zu können, wurden diese mit zwei Stahlösen an der oberen Seite versehen. Nach der Montage der Betonteile wurden die schweren Ösen nicht mehr benötigt. Sie wurden abgetrennt und landeten in der Baugrube. Solch eine Öse wog zwischen 200 und 300 Gramm. Stahl, der so dringend gebraucht wurde. Meine Hochrechnung auf ein einziges 16-geschossiges Gebäude ergab mehrere Tonnen Material, die genaue Zahl ist mir entfallen. Diesen Altstoff zu sammeln, in Containern, müsste doch im Sinne des Einsparstaates sein.

Diese Idee reichte ich als Vorschlag ein. Aber nein. Ungeachtet blieb mein Ökonomie-Papier.

Mehrere Nachfragen, dieses betreffend, verursachten in der Tat eine Reaktion. Der Neurervorschlag wurde mit 50

Mark Prämie bedacht. Als gewürdigt würde ich das nicht einstufen. Es geschah nichts. Keine Container, keine Sammlung. Im oststaatlichen Papierberg abgelegt. Der besorgte, aufmerksame Staatsbürger, mit einigen, wertarmen 50 Mark beruhigt und abgefunden. Meine Motivation, dieser Wirtschaft weitere Ideen zu liefern, war auf dem Gipfel. Jetzt kam der Abstieg. Soviel wirtschaftlich Unverständliches begegnete mir. Auch hier der Gipfel erreicht. Resignation. Mitarbeiten ohne Verständnis und Arrangement, so gestaltete ich meine weitere Ost-Lebenszeit selbst.

Zwingender Bestandteil der Berufsausbildung war die Absolvierung einer militärischen Ausbildung.

Alter: 16 Jahre

Wir Lehrlinge wurden in einem GST-Lager (Gesellschaft für Sport und Technik) in Militäruniform an der Waffe ausgebildet. Mit scharfer Munition lernten wir das Schießen mit einem russischen Maschinengewehr. Die Waffe mussten wir pflegen, in Einzelteile zerlegen, reinigen und wieder zusammenbauen. Unter kampfähnlichen Bedingungen wurden Manöver veranstaltet. Es wurde Rauchnebel auf dem Übungsgelände verteilt. Unter diesem Giftnebel mussten wir über die Sturmbahn, militärischer Ausdruck, im

41

Gelände kriechen, Handgranaten werfen und viele Kilometer im Wald umherlaufen, mit Sturmgepäck.

Der Feind war klar definiert: „Westdeutschland".

Eine Verweigerung dieser vormilitärischen Ausbildung hätte einen Lehrabbruch zur Folge gehabt.

Lehre bestanden im Jahr 1982.

Geld

Die Sucht des Sehnens nach dem für mich erklärten Sonnenteil des Landes wurde immer unerträglicher. Um einen Start in mein zweites Leben, das musste es geben, vorzubereiten, arbeitete ich in jeder möglichen Zeit meines Feierabends und Wochenendes.

Für 12 Mark pro Stunde baute ich Einfamilienhäuser, verputze Wände und mauerte Schornsteine, einen sogar in dem renommierten Krankenhaus St. Georg. Genehmigtes Schwarzgeld sprudelte. Das Ostgeld floss. Offiziell erhielt ich 850 Mark monatlich. Zusammen mit dem Geld, das ich für die „Fusch-Arbeit" verdiente, (die so genannte Qualitätsarbeit nach Feierabend) konnte ich über 2.200 Mark Monatsverdienst verfügen. Für einen Jung-Facharbeiter ganz ordentlich. Zwar Ostmark, im

Westen unbrauchbar.

Durch den Kontakt meines Vaters zu einem Diplomaten mit Wohnung in der Leipziger Waldstraße war der Umtausch von Ost- in West-Mark kein Problem. Vorher anrufen, Summe nennen, klingeln. Großen Stapel gegen kleinen Stapel tauschen. Kurs 5:1. Alles klar. Jegliches freie Geld tauschte ich um. Die Westscheine wurden gen Nürnberg transferiert. Entweder unsere Tante selbst oder ein westdeutscher Messegast schmuggelten die Ersparnisse außer Ost-Landes. Große Summen konnte ich nicht versenden bei diesem Tauschkurs.

Außerdem sparte ich parallel für ein Auto.

Antrag – Ende 1982

Da die Gedanken und die Sehnsucht nach einem Leben im Westen Deutschlands unerträglich wuchsen und meine direkten Fluchtgedanken ruhten, entschloss ich mich, einen Ausreiseantrag zu stellen. So wurde der Antrag auf Übersiedlung von Ostdeutschland nach Westdeutschland damals genannt. Um diesen nicht mit politischen Ansichten begründen zu müssen, versuchte im Vorwege der Anwalt meines Hamburger Onkels mit einer Begründung ganz anderer, seltener Art, eine legale Übersiedelung zu erwirken, und das vom Westen aus. Mein Onkel, in die Jahre gekommen, betrieb schon

Jahrzehnte eine kleine Uhren-Produktion. Da seine Tochter, sein einziges Kind, sich nicht für den Betrieb interessierte, brauchte er einen Nachfolger zur Übernahme, mich. Das war die Möglichkeit ohne politischen Ärger, wie ich hoffte, einen Antrag auf Ausreise zu begründen.

Wochen nach der Antragstellung wurde ich Anfang 1983 vorgeladen in das Rathaus Leipzig-Wahren. Trotz festgesetztem Termin ließen mich die Ausübenden der Macht, 1 x weiblich und 1 x männlich, 2 Stunden warten. Das Gespräch verlief kurz und intensiv. „Ob ich mir das richtig überlegt hätte mit dem Antrag" fragten sie. „Ich sei Bürger der DDR. Ein Anwalt der BRD könne nicht über einen DDR-Bürger verfügen" war die Aussage. Auf freiwillige Zurücknahme des Antrages wollten die Staatsbeamten mich drängen. Das wäre die Voraussetzung, um einen Eintrag in die Kaderakte zu vermeiden. Zu allem entschlossen, verweigerte ich die Rücknahme meines Übersiedlungsantrages. Es wurde mir offeriert, dass in diesem Fall eine offizielle Ablehnung des Antrages erfolgen würde. Ein negativer Eintrag in meine Akten wäre eine weitere Folge. Mit einem anderen Ergebnis hatte ich nicht gerechnet.

Es war mir kein Fall bekannt, dass einem 1. Antrag entsprochen wurde. In der Gewissheit der Ablehnung meines Antrages verfasste ich am selben Tag einen erneuten Antrag auf Ausreise. Am nächsten Tag lag dieser bereits direkt   im Leipzig-Wahrener Rathaus-Kasten. Die Bearbeitung dauerte. Es bedurfte nie einer Entscheidung darüber.

Auto – Januar 1983

Im Alter von 18 Jahren machte ich den Führerschein - ein Muss für mich. Auch hier wieder dasselbe Problem. Lange Anmeldezeiten. Oder sogenannte Beziehungen halfen, um schnell die begehrte Ausbildung beginnen zu können.
Schon ein halbes Jahr war ich 18. Endlich, ich konnte beginnen. Wegen guter Vorkenntnisse konnte ich bereits nach 10 Praxisstunden die Prüfung ablegen. Alles ging klar, bestanden im Januar ´83.
Bereits Anfang des Jahres kaufte ich einen Renault 4. Diese Westlichkeit sollte schon sein. Ein „Staatenloser" verkaufte mir dieses rote Gefährt vor seiner Übersiedlung in den Westteil des Landes. Dieser Jener hatte eine offizielle Ausreisegenehmigung erhalten. Binnen 48 Stunden musste er das ostdeutsche Land verlassen. Ihm wurde die Staatsbürgerschaft des „sozialistischen" Deutschlands aberkannt. Eingestuft als Staatenloser sollte er das Land verlassen, sein Vaterland, Teil Ost.
Wie gern wäre ich an seiner Stelle westwärts gefahren.
Bezeichnend, wie ich fand, gerade von einem Übersiedler

habe ich das Auto gekauft. 13.000 Mark des Ostens bezahlte ich für dieses Kultmobil.

Da stand er nun, der R4 - hinten in der Tiefgarage meines Elternhauses quer eingeparkt.

Das Rosa-Ding, die Erlaubnis zum Fahren, endlich in der Hand, fuhr ich per Straßenbahn an einem Sonnentag dem Fahrerlebnis entgegen. Meine Eltern waren nicht im Haus. Mein Glück. Das erste Mal mit Schein und „eigenem" Auto ging es los. Eine sehr steile Garagenauffahrt galt es zu überwinden. Mit viel Gas und extrem schleifender Kupplung dem Anstieg entgegen. Gut ging es den Berg hinauf, doch oben angelangt mit zu viel Schwung, schoss ich weiter gegen den Bordstein der anderen Straßenseite.

Solch eine Fehlprobe musste ich als Jungfahrer nun in eine Meisterfahrt umsetzen. Bei einer Fahrt über Land testete ich meine Fahrkünste. In einem Dorfladen, namens Konsum, erstand ich 3 Flaschen Sekt zu 22,50 Mark das Stück, eine Rarität in unserer Stadt. Damit wollte ich auf mein Auto und den Führerschein einen Anstoß geben.

Die Schaltung des Franzosen ist ein selten Ding. Wie ein Krückstock ragt der Hebel aus dem Brett der Armaturen. Einmal daran gewöhnt, ist die Schaltung der Gänge ohne Probleme möglich. Kult halt.

Am Abend dann. vorführte ich meiner Mutter meine Fahrkunst. Stolz war sie auf ihren Hasen, wie ich lieb von ihr genannt werde. Mit Sektgenuss genossen wir diesen Tagschluss.

Der nächste Tag auf dem Bau glich einer Autoschau. Der R4 wurde von den meisten als Ente misskannt. Mein Enten-R4 war nun mein ganzer Stolz. Ein Sparmobil, im Vergleich zu Ostfuhrwerken, genannt Trabant und Wartburg. Das viertürige Mobil begnügte sich mit 6,5 Litern auf hundert Kilometern Strecke, hatte 4 Türen, große Heckklappe und eine umklappbare Sitzbank. Mein Roter fiel schon auf, fast ein Einzelstück im Einheitsstraßenbild des Ostens.

Ein Fusch - Februar 1983

Im Februar, mein Bruder hatte 3 Wochen Schulferien, ich nahm Urlaub. Gemeinsam arbeiteten wir den ganzen Tag in Böhlitz-Ehrenberg auf dem Bau. Wir verputzten die Innenwände eines Neubauhauses. Schon Monate vorher hatten Kollegen von mir und ich das Haus nach Feierabend erschaffen. Die Minusgrade erschwerten uns die Tage. Mein Bruder mischte den Mörtel an und schleppte ihn zu mir auf das Mauergerüst. Ein gutes Team waren wir. Nach drei Tagen, bedingt durch täglich ärgerem Frost, gaben wir auf. Die Propangas-Heizkosten für den Rohbau wurden dem Besitzer, einem Bulgaren mit Privatgärtnerei, zu teuer. Mit unserem Lohn und wunderschönen Blumen, einer Seltenheit im ostdeutschen Winter, gingen wir in Frosturlaub. Unsere Mutter überraschten wir mit der blümlichen Farbenpracht.

Frostflaschen - Februar 1983

Die Schnee-Winterferien meiner Brüder waren im Gange. Als ewiger Altstoffverwerter, der ich bis heute bin, sammelten meine Brüder und ich in diesen Ferien Altflaschen.
Wir klingelten die Wohnsiedlung ab und fragten nach Altflaschen.
Da Schnee lag, verwendeten wir Schlitten zum Transport.
Wir banden 3 Stück zusammen und bestückten sie mit Holzkisten.
Die Sammlung verlief erfolgreich. Flaschen ohne Ende.

Das Problem war permanent bei solchen Sammlungen, dass dieses Flaschengut ja in Geld gewandelt werden sollte, aber der Altstoffhandel meist über zu wenig Leergutkisten verfügte.
Wir sammelten trotzdem weiter und luden das Gut in der Tiefgarage meines Vaters ab. Diese wurde komplett ausgestattet mit dem Material. Die Garage wurde komplett gefüllt.

Jeden Tag erfolgte die neue Frage-Fahrt zu den 2 Altstoffhändlern in unserer Gegend. Ständig war keine Annahme dort möglich.

Die Garage blieb voll. Zum Wochenende kam mein Vater von seiner Dienstreise zurück, bei Winterwetter.

Er wollte seinen Mercedes, so wie gewohnt, in seiner Garage parken. Diese war aber glasbestückt.

OOOOh, ein Theater. Wir Brüder mussten die Garage komplett leeren. Alle Flaschen stellten wir dann in den Garten.

Dort frosteten sie noch Wochen bis zum Umtausch in die Blechwährung – Ostmark.

Kurzurlaub - Februar 1983

Mit samt dem dritten und letztgeborenen Bruder fuhren wir am Tag darauf, noch immer im Februar, nach Güstrow, zu unseren Verwandten, zu Großmutter, Tante, Onkel und Cousine.

Abfahrt: das Fahrzeugrot hob sich fantastisch ab im weißen Schnee. Auf den Fotos in schwarz/weiß leider nicht sichtbar. Vollgetankt war der Franzose, los ging es Richtung Norden. Mein Kleiner lief nicht wie gewohnt. Etwas stotterig. Wir erreichten kaum die hundert Stundenkilometer. Nur konzentriert auf die Schwäche des

Autos, achtete ich nicht auf die Anzeige des Tankinhaltes. Warum auch, rechnerisch reichte das Benzin bis zum Ziel. Aber nein, der Saft war verbraucht, wir blieben auf der Autobahn stehen, vor einer Bergkuppe. Einen Reservekanister hatte ich an Bord, aber leer. Also, Daumen raus. Bereits der 2. Fahrer stoppte und schleppte uns in den nächsten Ort, nur 3 Kilometer weiter. Volltanken und Schadensuche. Ein Zündkabelbruch war der Grund für den Mehrverbrauch und wurde repariert.

Wir stärkten uns mit Brötchen und Käse aus dem Konsum des Ortes. Mit erheblicher Verzögerung kamen wir endlich weiter. Noch vor Dunkelheit erreichten wir endlich unser Ziel. Voller Aufregung wurden wir schon erwartet. Statt der geplanten 4 Stunden waren wir 6,5 Stunden unterwegs gewesen. Dank des Telefons, dessen unsere Eltern und Verwandten sich stolz bedienen durften, hatten sie sich gegenseitig aufregend Sorgen um uns gemacht. Aber nun war alles klar. Ein Güstrow-Mahl am Abend, das immer vorzüglich schmeckt, ließ alle Aufregung verblassen. Müde werdend berichteten wir von unserer ersten großen Abenteuerfahrt per Vierrad-Mobil. Mit dem Moped hatten wir ja schon einige Male die 350 km Strecke hinter uns gebracht.

Den Kurzurlaub beendeten wir nach 4 Tagen. Ohne Probleme verlief die Rückfahrt nach Leipzig.

Taxi - März 1983

Nach den 3 Wochen Winterferien meiner Brüder, für mich gab es ja nur noch Urlaub, statt Ferien, begann Anfang März die Frühjahrsmesse in Leipzig. Mit meinem neu erstandenen 4-Türer hatte ich die Chance, einige viele Mark mit Taxifahren zu verdienen. Wie schon erwähnt, herrschte in Leipzig permanent Taximangel.

Zur Messe war dieser Umstand noch gravierender durch die Besucher und Aussteller. Selbst die genehmigten privaten Zusatztaxis deckten den Bedarf nicht ab. So entwickelte sich ein Zusatzgeschäft, das Abhilfe brachte. Die „Blackis", wie die nichtgenehmigten Schwarz-Taxis im Volksmund genannt wurden, schlossen die Mangel-Lücke. Sie wurden angenommen von den vielen Taxi-Süchtigen und schmerzarm geduldet von oben. Ohne Schild auf dem Dach fuhr ich durch die Leipziger Nachtstraßen. Da winkte jemand. Ich hielt an und wie gedacht - ein Beförderungswilliger. Mit flotter Fahrt brachte ich den Fahrgast an das gewünschte Ziel. Da ich keinen Fahrpreis verlangen durfte, musste ich auf die Gebefreudigkeit des Nutzers vertrauen. Bis auf wenige Ausnahmen gaben die Beförderten einen großzügigen Fahrlohn. Ein ungeschriebenes Einverständnis herrschte darüber, was zu sagen wäre bei einer möglichen Polizeikontrolle. „Ohne Geld nehmen zu wollen, befördere ich einen Freund nach Hause". Den Hütern der sozialistischen Ordnung würde der Fahrgast auch diese Bestätigung geben. Mein seltenes Fahrzeug und auch noch in der Farbe Rot, war sehr auffällig. Sollte ich in jeder Nacht mehrere Male den Innenstadtring befahren, musste das auffallen. Die City-Straßen mied ich aus diesem Grund, fuhr meist auf Nebenstraßen. In 4 bis 5 Taxistunden, ab 0 Uhr gefahren, ließen sich leicht 100 Mark verdienen, auch Westmark waren dabei. Der Gewinn war erheblich höher im Vergleich zum Baugeschäft. Nach der Messewoche lohnte dieses Geschäft nur in den Nächten zu Samstag und Sonntag, wenn erlebnishungrige Leipziger die Stadt bevölkerten.

Armee - April 1983

Das letzte Frühjahr meines ersten Lebens brach an.
Ich erhielt die Einberufung zum Grundwehrdienst der „Nationalen Volksarmee", NVA, im Volksmund „Fahne" genannt. Eine Welt drohte für mich zusammenzubrechen. Die Bearbeitung meines Ausreiseantrages war noch nicht abgeschlossen und ich sollte mich trotzdem parallel auf den ostdeutschen Staat einschwören lassen und diesem in der Armee dienen. Für mich unvorstellbar.
Ein Spießrutenlauf würde das werden, mit meinen aktenkundig verbrieften Anti-Staatsgedanken. Nach der Entlassung aus der Ost-Armee wäre ich dann

Geheimnisträger gewesen und hätte nicht sofort in den Westen Deutschlands abgeschoben werden können. Weitere Jahre meines jungen Lebens wären vergangen, ehe ich nach Hamburg hätte übersiedeln können. Jahre, die sinnlos verloren wären.

Fluchtgespinste gewannen die Oberhand meiner Gedankenwelt in diesen Tagen. Trotzdem. Ich ließ nichts unversucht, um die Einberufung abzuwenden. Mit Hinweis auf meinen laufenden Antrag auf Ausreise schilderte ich am Freitag, den 28. April, dem Oberkommandierenden des Wehrkreiskommandos meine Nichtbereitschaft, den Wehrdienst anzutreten. Wortgenau sagte ich: „Am 3. Mai werde ich meinen Wehrdienst nicht antreten". Er entgegnete mir: „In diesem Falle haben Sie mit strafrechtlicher Verfolgung zu rechnen".
Ende des Versuchs. Ich verließ den militärischen Ort der Macht. Die ganze Härte der ostdeutschen Staatsgewalt stellte sich mir entgegen.

Ich als Einzelbürger schlug zurück.
Flucht - unausweichlich.

In ostdeutschen Landen war Wehrdienstverweigerung durch Ableisten von Zivildienst in dieser Zeit nicht möglich, per Gesetz festgeschrieben. Zuwiderhandlungen wurden mit Gefängnis bestraft.

Zweiter Versuch - Ende April 1983

Ein Versuch der Flucht in die westliche Welt könnte glücken, so meine intensive Sicht. Ein eventuelles Missglücken würde meinen Ausreisewillen unterstreichen, so dachte ich, allerdings einen harten Gefängnisaufenthalt nach sich ziehen als politischer Gegner des Systems Ost.

Eine eventuelle Abschiebung in den Westen nach körperlicher und seelischer Züchtigung wäre wohl die Folge gewesen. Allerdings war das kein zwingendes Vorgehen der roten Behörden. Auch eine Entlassung in den eigenen Machtbereich wäre eine Möglichkeit gewesen. Dieses hätte bedeuten können: Berufsverbot. Bedeutete in einen anderen Beruf mindergestuft zu werden.

Flucht ja - nur wie? Ein Szenario, das mich schon Jahre beschäftigte. Nun blieb keine Zeit mehr für Theorien. Taten mussten folgen. Über die Ostsee, zu gefährlich. Also den LKW-Gedanken weitergedacht.

Sonntag, am 30. Tag im April, fasste ich meinen Entschluss.

Mit meinem R4 fuhr ich auf die Autobahn, Richtung Norden sollte es gehen. Diese West-Ost-West-Transitstrecke ermöglichte den Transport von West-Waren und West-Personen von der Stadt Hof nach West-Berlin und umgekehrt. Es war ein schwer vereinbartes

Transitabkommen der Siegermächte. Auf dem Parkplatz der Raststätte Köckern fiel mir ein LKW-Sattelschlepper auf. Dieser hatte mehrere PKW geladen. Die Idee erschien mir simpel, ein Versteck im Kofferraum eines der PKW. Vorsichtig kletterte ich auf die obere Ladeebene des Aufliegers und versuchte mich an der Öffnung der Kofferraumhauben der Fahrzeuge. Alles war verschlossen. Beim Heruntersteigen von dem LKW bemerkte mich der Fahrer und stellte mich zur Rede. Als ich ihm meine Fluchtgedanken schilderte, führte er mir die Aussichtslosigkeit meines Vorhabens direkt vor die Augen. „Alle PKW werden bei Grenzübertritt geöffnet" sagte er. Er sah keine Möglichkeit zu einer Fluchthilfe. Der Fahrer meldete mich nicht den Behörden, zeigte Verständnis für meinen Fluchtwunsch. Aus meinen Stasiunterlagen, die ich nach der Wende einsehen konnte, geht hervor, dass dieser Vorgang von Sicherheitsbeamten beobachtet wurde. Der Fahrer des LKW wurde noch Jahre danach beobachtet und bespitzelt. Die Stasi war der Meinung, so geht es aus den Unterlagen hervor, dass dieser besagte Fahrer mir meine Fluchtpapiere ausgehändigt hatte. Der Fahrer und ich berührten uns nie. Es wurden keinerlei Sachen ausgetauscht. Wir kannten uns nicht und hatten uns noch nie zuvor gesehen. Eine völlig falsche Beobachtung von den Schergen der Diktatur des Proletariats. Demoralisiert trat ich die Rückfahrt nach Leipzig an.

Die ganze Nacht beschäftigte mich dieses Erlebnis.

Verlassen des „Roten Meeres" - 01.Mai 1983

Ein wunderschöner Maitag ging seinem Ende entgegen. Der erste im Jahr 1983. Der Tag der Arbeit - ein Feiertag in Gesamtdeutschland. Dämmerung legte sich über die Parksiedlung im Norden von Leipzig.
In diesem sehr ruhig gelegenen Teil von Leipzig stand und steht mein Elternhaus.

Es war zirka 20.15 Uhr als ich aus meinem Zimmer trat und nicht ahnte, dass ich es für viele Jahre verlassen würde, gedanklich für immer. Mit seltsamer Ruhe schritt ich die dreißig Stufen der vier Treppen, wie oft hatte ich sie gezählt, dem Wohnzimmer entgegen. Meine ganze Familie hatte sich dort zum gerade beginnenden „Tatort" eingefunden, West-Fernsehen, für uns ein Muss.
Das Bild grisselte. Ein klares Bild hatten wir nur bei Überreichweite der Westsender. Ohne viele Umstände verabschiedete ich mich kurz, um zu einem angeblich verabredeten Essen mit meinem Freund aufzubrechen.
Nachdem ich das elterliche Haus verlassen hatte, in dem ich meine ganze Kindheit und einen großen Teil meiner Jugend verlebt hatte, empfand ich meinen letzten, tiefen, unvergesslichen Eindruck. Von der Straße aus blickte ich

auf meinen roten R 4, der sich phantastisch abhob von den rein-weißen Blüten unseres Sauerkirschbaumes im Vorgarten. Dahinter stand ruhig das im Laufe der Zeit blass ergraute Gebäude, das meine ganzen Erinnerungen beherbergte.

Gerade wollte ich mich von diesem melancholischen Blick lösen und mein Auto besteigen, als mein Vater aus der Tür trat. Wir verabschiedeten uns herzlich und er wünschte mir viel Glück. „Papi", wie mein Vater von meinen Brüdern und mir genannt wurde, wusste, wo meine Gedanken, meine Träume und Wünsche in diesem Augenblick weilten. Dass dieser Abendblick der letzte für Jahre sein würde, ahnte er nicht.

Schnell stieg ich ein und fuhr in die einsetzende Dunkelheit. Mein Weg führte durch Wiederitzsch, einem Vorort von Leipzig, zur Auffahrt auf die Autobahn nach Halle. Am Schkeuditzer Autobahnkreuz bog ich ab in Richtung Berlin. Der Temperaturanzeiger für das Kühlwasser bewegte sich schon wieder bis in den ganz roten Bereich. Mir blieb nichts anderes übrig, als die Autobahn eine Ausfahrt nach dem Rasthof „Köckern" zu verlassen, um einen Motordefekt abzuwenden.
Im völligen Dunkel hielt ich auf dem Fahrradweg der Landstraße nach Zwochau. Schon einige Tage plagte mich das Problem mit dem Kühlwasser. Aus Vorsorge

hatte ich einen Reservekanister, gefüllt mit Wasser, mitgenommen. Gerade als ich mit dem Auffüllen des Kühlers begann, joggte, zu meinem Keinpech, der Bürgermeister des Nachbardorfes, wie er sich vorstellte, auf mich zu. Der „freundliche" Herr ermahnte mich, dass ich dort nicht stehen dürfe. Kurz erklärte ich ihm mein Problem. Er verjoggte sich in die dunkle Sachsenwelt. Meine Befürchtungen, der Sportler würde eine Polizeistreife an meinen Reparaturort schicken, bewahrheitete sich glücklicherweise nicht.

Nach vollendeter Kühlwasserauffüllung setzte ich meine Autobahnfahrt fort, jetzt entgegengesetzt, in Richtung Süden.

Nachdem ich meinen Franzmann auf dem Parkplatz des „Rasthofes Köckern" zum Stehen gebracht hatte, beobachtete ich das Geschehen. Mein Blick schweifte über die vielen Besucher, die LKW mit west- und ostdeutschen Kennzeichen, die zahlreichen Laternen und die zwei Streifenwagen. Mir fielen auch die unabsichtlich bewegten Gardinen eines unbeleuchteten Hauses auf, das in der Nähe der parkenden Autos stand.

Unbehagen erfüllte mich. Die ungünstigen Bedingungen ließen mich mein Vorhaben verschieben.

Lange konnte ich hier nicht stehen bleiben. Bald würde eine Streife der Autobahnpolizei auf mich aufmerksam werden. Somit befuhr ich erneut die Autobahn.

Drei Abfahrten weiter südlich an der Ausfahrt: „Bad Dürrenberg" wendete ich und lenkte mein Auto wieder in Berliner Richtung. Mein Ziel war nochmals der Rasthofparkplatz, nun auf der anderen Seite.

Mein Problem war, ich hatte einfach keinen durchdachten Plan.

Schon wieder stieg die Kühlwassertemperatur meines Renault. In dem Moment, nur in diesem, verfluchte ich mein Auto. Noch ehe ich mein Ziel erreichte, musste ich einen unbeleuchteten Parkplatz aufsuchen. Während ich das Kühlwasser nachfüllte, hielten dort zwei Lastzüge, die offensichtlich zusammengehörten. Endlich, wie durch höhere Gewalt gewiesen, war eine Gelegenheit für mich gekommen. Nachdem ich die Reparaturarbeit beendet hatte, „spazierte" ich die Flanken der bayerischen LKW ab. Der Anhänger war wie geschaffen zum Aufsteigen. Eine Hebevorrichtung an der Rückwand bot eine Art Leiter.

Kurz entschlossen, wie im Trauma sicherte ich mein Fahrzeug und versteckte den Schlüssel in der vorderen Stoßstange links.

Außer dem Personalausweis ließ ich alle Papiere im Renault zurück. Ausgerüstet mit meinem Schweizer Messer, einer Rolle Pflaster, dem Hausschlüssel meines Elternhauses, Portemonnaie und meinem westdeutschen Kupferpfennig, wollte ich nun auf dem LKW als blinder Passagier gen Westen mitreisen.

Die Fahrer der Brummis hatten die Gardinen ihrer Kabinen zugezogen und sich wohl schlafen gelegt.

Also los! Mein Herz jagte das Blut durch die Bahnen.

Auf leichten Sohlen kletterte ich auf das Dach des Anhängers von dem hinteren Lastzug. Ich ertastete durch die Plane den Abstand der Dachlatten. Ich hatte Glück, die Zwischenräume der Dachlattungen waren breit genug, um einen Menschen hindurch schlüpfen zu lassen. Ein einfacher Schnitt mit dem Messer öffnete mir den Weg in das Innere des Laderaumes. Mit aller Vorsicht zwängte ich mich durch den Schlitz in der Dachplane. Meine Füße bekamen festen Untergrund zu spüren. Ich kroch ganz durch die Öffnung. Im Innenraum befühlte ich die Ladung. Der Lastzug hatte Holz geladen bis fünfzig Zentimeter unter das Dach. Mit meinem Heftpflaster wollte ich den Schlitz von innen verkleben. Aber wo war die Rolle. Verdammt, ich musste sie beim Aufstieg verloren haben. Aus dem Verkleben wurde also nichts. Die Öffnung blieb somit von außen sichtbar.

Die Bretterladung bot eine ziemlich ebene Fläche, auf der ich ruhig liegen konnte. Ich lag und lag. Die unendliche Zeit des Wartens und die Gedanken an das „Danach" waren kaum erträglich.

Es mussten gefühlte Stunden her sein, seit meinem Einstieg. Der LKW ruckte an. Endlich ging es los. Die unvorstellbar schlechte Federung und die starken

Windgeräusche machten das Liegen zur Qual. Es war mir nicht einmal möglich, wegen der Vibrationen, die Zeit auf meiner Quarzuhr zu erkennen. Bis jetzt lag ich auf dem Rücken, konnte es aber vor Gliederschmerzen nicht mehr aushalten und legte mich auf den Bauch. Aber auch das war nicht das Wahre. Ich wendete und wand mich ständig hin und her.

Alle Liegestellungen waren schmerzhaft. Was nun? Die Strapazen-Fahrt wurde langsamer, der Innenraum erhellte sich. Wir waren 2 Stunden und 45 Minuten gefahren. Ich konnte die Uhr wieder lesen.

Berlin konnte nicht mehr weit sind.

Nach kurzer Sammelphase, vermisste ich meine Papiere und mein Portemonnaie. Der Raum wurde gut ausgeleuchtet und ich entdeckte Beides, zum Glück, auf tieferliegenden Brettern. Die Sachen waren mir während der Fahrt auf dem Rüttelbrett aus der Gesäßtasche gerutscht. Jetzt konnte ich die vollständige Ladung erkennen. Der untere Teil bestand aus Balken und Kanthölzern. Darauf waren die Bretter gestapelt, auf denen ich lag. Die Inspektion sagte mir, hier unter dem Dach wäre es zu gefährlich liegen zu bleiben. Falls der LKW-Anhänger an der Grenze kontrolliert würde, wäre die Entdeckung garantiert.

Die unteren Balken boten zwischen sich genug Raum für meinen schlanken Körper. Mit aller Gewalt drängte ich mich zwischen die Hölzer, so tief es ging.

Der ständige Wechsel von Anfahren und Halten machte mich fast wahnsinnig. Es bestand kein Zweifel, wir näherten uns unwiderruflich der Zerteilungsgrenze der deutschen Nation in Berlin.

Der LKW hielt. Motor aus. Stimmen ertönten, wohl die der Zöllner. Eine unbeschreibliche Angst bemächtigte sich meiner, gleich darauf durchfuhr mich wieder eine völlige Gleichgültigkeit. Es gab kein Zurück mehr. Etwas Großes für mein Leben war in Gang gekommen, unwiderruflich.

Ein Klappern an der Planke meines Fluchtanhängers wurde laut. Was hatte das nur zu bedeuten? Ich vermutete das Schlimmste. Und richtig, die Plane wurde geöffnet, auf Anweisung eines Grenzbeamten, der sächsisch sprach. Nun war alles aus, dachte ich. Gleich würden sie mich in meinem Versteck entdecken. Gedanklich machte ich mich schon bereit.

Aber nein, im nächsten Augenblick wurde die Anhängerplane wieder heruntergerollt und verschnürt, zumindest den Geräuschen nach zu urteilen. Sollte das wirklich alles gewesen sein?

Nach kurzer Zeit setzte sich der Lastzug wieder in Bewegung.

Das ganze Prozedere hatte kaum zehn Minuten gedauert. Als nach viertelstündiger Fahrt kein erneuter Halt erfolgte, wagte ich es aus meinem Versteck hervorzukriechen. Die Ungewissheit ließ mich auf den Bretterstapel klettern. Ich sah durch den Dachschlitz. Regen in Strömen begrüßte mich. Viel konnte ich immer noch nicht erkennen. Nur die Laternen an den Straßen kamen mir seltsam anders vor. Etwas entspannter kniete ich nun auf den obigen Brettern, war aber trotzdem voll gespannter Neugierde und leichte Angst begleitete mich. Die Ampeln glichen denen in Leipzig in keiner Weise.

Eigentlich gab es keinen Zweifel mehr, ich war in

WESTBERLIN.

Grüne Insel - 02.Mai 1983

Nach weiteren, entspannender werdenden Minuten – endlich ! Die beiden LKW hielten. Sie gehörten, wie ich vermutete, zusammen.
Durch meinen Dachschlitz hatte ich die ganze Szene im Auge. Wir standen vor dem „Messegelände am Funkturm". Nun hatte ich die absolute Gewissheit, ich

war im Westteil der Stadt. Über das Dach konnte ich unmöglich aussteigen. Die Fahrer diskutierten in Sichtweite mit dem Pförtner. Meine Entdeckung wäre die Folge gewesen mit neu erahnten Problemen.

Durch zwei Schnitte, einen senkrechten sowie einen quer, verließ ich mein "Fluchtauto" an der hinteren Anhängerseite. Völlig verschmiert, bedingt durch den Aufstieg, und schmutzig sprang ich auf die Straße. Ich konnte es immer noch kaum fassen, ich war frei, endlich ein freier Deutscher.

Mein erster Blick fiel auf ein Pärchen, einen Farbigen mit einem weißen Mädchen verbandelt.
Dann erst erblickte ich einen runden Reklameturm mit Mercedeswerbung und Werbung für Schultheiß-Bier.
Was war das für ein Duft?
Er roch phantastisch, der Duft des Westens - und diese Helligkeit.
Der starke Regen machte mir nichts aus, denn es war ja westlicher.

In der nächsten Telefonzelle suchte ich mir die Adressen von meiner Berliner Verwandtschaft heraus. Die Seiten des Telefonbuches nahm ich gleich mit. Mir war alles egal, selbst meine sonst recht guten Manieren. Um im Falle meiner Entdeckung an der Grenze keine Hinweise auf unsere Westberliner Familie zu geben, ließ ich die Anschriften in Leipzig zurück.

Nun ging ich in irgendeine Richtung durch die Stadt nach der Suche nach einem Taxi. In West-Berlin kannte ich mich ja nicht im Geringsten aus. Linker Hand ließ ich einen großen, verdunkelten und verwaisten Jahrmarkt hinter mir. Es regnete und regnete ziemlich gut. Der Regen ist mein Lebenselixier.

Eine halbe Stunde war ich gelaufen. Triefend vor Nässe und ölverschmiert winkte ich ein Taxi ab, das erste überhaupt, dass ich sah in dieser Nacht. Ein Mercedes hielt. Dem ausländischen Fahrer gab ich die Adresse meines Onkels. Ein paar Minuten suchte er auf dem Stadtplan nach der Kirchstraße. Es existieren drei dieses Namens in Berlin. Nun ging sie los, die Fahrt durch die phantastische Stadt. Mich begeisterten die herrlichen Farben der Leuchtreklamen, die sich in diesen verregneten Straßen spiegelten. Ein Lichtermeer der Phantastischkeit. Ich fühlte mich gut und frei.

Das Taxameter lief, lief schnell. Der Wagen bog schließlich in eine Wohnsiedlung von Einfamilienhäusern ein. Beim etwaigen Zahlungsstand von dreißig Mark hielt der Fahrer. Wir waren am Ziel.

Während ich mehrmals am Haus meines Onkels

klingelte, ging der Taxifahrer in die Büsche. Endlich, in der oberen Etage wurde ein Fenster erhellt und geöffnet. Noch verschlafen fragte mein Onkel: „Wer ist da?". „Ich bin's, Raik." antwortete ich ihm. Er verstand mich nicht richtig und fragte: „Was? Reifen, um diese Zeit ?" Mit mir konnte er ja auch niemals rechnen.

Jetzt erkannte er meine Stimme und kam ans Gartentor. „Mensch, Raik, wie kommst Du denn hierher?" - waren seine ersten Worte. „Ich bin in einem LKW geflohen und am Funkturm ausgestiegen. Eine halbe Stunde ging ich durch den Regen, ehe ich ein freies Taxi erwischte. Den Fahrer konnte ich noch nicht bezahlen" berichtete ich ihm kurz. „Na, komm erst mal rein und erzähle nachher alles in Ruhe" forderte er mich auf. Gemeinsam gingen wir ins Haus. Meine Tante hörte mich reden und rief fragend von oben meinen Namen. Sogleich kam sie herunter. „Wie hast Du denn das geschafft?"

In groben Zügen erzählte ich ihr das Wichtigste. Inzwischen zahlte mein Onkel die dreißig Mark für das Taxi. Mit den Worten „Ehe Du alles berichtest, duschst Du erst mal" kam er zurück. Gesagt getan. Die Frau des Hauses gab mir trockene Sachen meines Onkels, die zwar ein paar Nummern zu groß waren, aber eine wohlige Notlösung boten. Die kleinen Familienjungs waren unterdessen auch aufgewacht und rutschten die Treppe herunter, in ihren Schlafsäcken.

Zu fünft saßen wir nun alle im Wohnzimmer bei einem Glas Weinbrand, für die Kleinen gab es Saft, und tranken auf mein Wohl. Jetzt hatte ich die Zeit und die Ruhe gefunden, um über meine Flucht in die Freiheit ausführlich zu berichten.

Ständig glitten meine Gedanken aber nach Leipzig. Mein Vater konnte diese Ungewissheit wahrscheinlich kaum noch ertragen. Also riefen wir in meinem alten Zuhause an. Es war noch etwas früh am Morgen, so gegen 5 Uhr. Es meldete sich niemand. Ungefähr eine Stunde später wählte mein Onkel erneut die Nummer meines Elternhauses. Als er durchkam, ein ewiges West-Ost-Problem, und es in Leipzig klingelte, meldete sich mein Vater am anderen Ende. Mein Onkel ergriff das Wort und berichtete, dass alles glattgegangen war: „Ich gebe Dir mal jemanden" sagte er und übergab mir den Hörer. „Hallo Papi, hier ist Raik. Ich bin gut hier angekommen. Mein Renault steht auf dem ersten Parkplatz nach dem Schkeuditzer Kreuz. Die Schlüssel liegen in der vorderen Stoßstange links." berichtete ich. Mein Vater war so betroffen, dass er kaum ein Wort hervorbrachte. Kurz darauf verabschiedeten wir uns schon wieder.
Nach einem guten Frühstück, mit dem uns meine Tante verwöhnte, war Abfahrtzeit für meinen Onkel. Seine Arbeit rief.
Die Berge von Zeitungen und Zeitschriften im Ständer

überforderten meinen Geist. Diese Fülle, diese Farben, die freien Informationen. So extrem hatte ich mir das nicht vorgestellt. Meine weiteren Verwandten aus Berlin Waidmannslust wurden von meiner Flucht informiert.

Sie konnten es nicht fassen.

Etwas später machte mein W-Onkel von dort Halt auf seiner Firmenfahrt, um mich willkommen zu heißen.

Meine Träume und Fluchtgedanken, die ich seit meinem 14. Lebensjahr verfolgte, waren der gesamtdeutschen Familie bekannt. Und nun, mit 18 Jahren war ich da, im Traumteil meines Vaterlandes.

Lange konnte der W-Onkel nicht bleiben.

Unsere gesamte westdeutsche Familie, wohnhaft in Hamburg, Nürnberg, Oldenburg, Bad Oldesloe wurden über meine Flucht informiert.

Meine Tante aus Nürnberg wusste bereits als Erste um meine geglückte Flucht.

Vor Zeiten legte sie ein Sparkonto für mich an. Auf dem Konto hatten sich im Laufe der Jahre 700 harte Mark angesammelt. Bei ihren häufigen Besuchen in Leipzig und Güstrow gab ich ihr immer meine gesparten Mark des Westens mit, die sie dann bei ihrer Bank einzahlte.

Auf meine Bitte hin, hatte sie mein „Nürnberger" Geld noch am gleichen Tag telegrafisch in Richtung Berlin zur Anweisung gegeben.

Der Vater meiner Tante, den ich noch niemals zuvor sah,

in Berlin-Marienfelde ansässig, kam spontan zum späten Frühstück vorbei, um mich im Westen zu begrüßen. Er schenkte mir 50,00 DM und weiße Turnschuhe, verbunden mit Glückwünschen für meine neue Zukunft. Unfassbare Freude ließ meine Augen feucht werden. Welche Anteilnahme und Hilfe wurde mir entgegengebracht.

Nach dem Frühstück gingen meine Tante mit Kindern und mir einkaufen. Mein erster Supermarkt im Westen trug den Namen „Edeka". Ich war überwältigt, völlig sprachlos. Diese Früchte, diese unendlichen Früchte, in allen Farben und Formen, perfekt beleuchtet, duftend. Solche Fülle hatte ich, aus dem Mangelteil des Landes zugereist, niemals erahnt. Auch in der Käseabteilung warteten alle Variationen von Molkereiprodukten auf den Endverbraucher, auf den Supermarkt-Kunden im Kapitalismus.

Von der Fleischabteilung war nichts anderes zu erwarten.

Beim Betrachten der Kundschaft hatte ich das Gefühl, die Kunden sähen das Angebot überhaupt nicht mehr, nähmen den Reichtum als gegeben hin.

Auf Bitte meiner Tante sollte ich mir etwas aussuchen. An der Käsetheke erhielt ein Frischkäsering meinen Zuschlag. Gut bepackt ging es zurück. Die Mittagszeit rückte heran. Mein Onkel hatte seinen Arbeitstag meinetwegen vorzeitig beendet. Wir konnten gemeinsam essen. Nach dem Mittag gönnten wir uns zwei wohlverdiente Stunden der Ruhe. Mein Quartier erhielt ich unter der Schräge des Dachgeschosses zugewiesen.

Am Frühnachmittag dann wollte mir mein Onkel die Innenstadt und die Berliner Mauer zeigen.

Mit seinem alten Uralt-Audi Coupé fuhren wir zum unsanierten Deutschen Reichstag. Faszinierend.
Auch der Ausblick von einem Besucherturm aus Holz, den wir erklommen hatten, erregte mein Inneres. Direkt am Brandenburger Tor war er platziert. Mit Ferngläsern/ Feldstechern beobachteten uns die Schützer des Sozialismus von drüben, die mich allzu gern an meiner Reise gehindert hätten. Sie schauten von der Seite des eingedrahteten Deutschlands in das eingemauerte

West-Berlin.

Obwohl eingemauert, fühlte ich mich dort frei, so unendlich frei.
Als: „die von drüben" bezeichneten die Westdeutschen und Westberliner die Ostdeutschen.
17 Millionen Deutsche waren von den Russen und deren Schergen in der „Sowjetischen Besatzungszone – SBZ" abgeschottet und eingesperrt.

Die weitere Erkundungstour von meinem Onkel und mir, führte uns auf den Kurfürstendamm und in das KADEWE, das sogenannte Kaufhaus des Westens. Unglaublich und schön erlebte ich die Größe des Hauses, bestückt mit der Ware im Überfluss. Ein Intershop.

So genannt wurden die Läden im Ostteil des Landes. Westwaren wurden im Osten für harte Währung angeboten. In Berlin in Giga-Form. In der Jeansabteilung ging ein Teil in meinen Besitz über. Mein Onkel bezahlte. Weiter erschenkte er mir die nötigste Grundausstattung.

Im Obergeschoss befand sich die Lebensmittelabteilung vom Allerfeinsten. Edler als bei Edeka, die Spitze des Angebotes. Zum Abschluss tranken wir ein Berliner Bier. Der Preis erschwerte das Genießen, 3,95 DM.

Mein Onkel lud mich ein.

Durch die leuchtende, duftende Stadt ging es zurück nach Berlin-Marienfelde. Am Kamin genossen wir Wein aus Beutelflaschen. Der Tag eins meines zweiten Lebens ging zur Neige.

Tag 2

Am nächsten Morgen kam meine Tante aus Waidmannslust zu Besuch um mich abzuholen.

Währenddessen stellte mir der Postbote mein geparktes Geld aus Nürnberg zu. Ich fühlte mich gut und reich.

Nach dem Frühstück fuhren wir los im Chevrolet Caprice. Ein so weiches Fahr-Mitgefühl, das ich schon von Besuchen der W-Berliner in Leipzig und Güstrow her kannte, erlebte ich nun auf der freien Insel.

Erster Halt: Großmarkt für Handwerker, sprich Baumarkt. Ein ostdeutsches Bauherrenherz würde bluten bei solch einem Angebot. Es gab all das, was im roten Teil fehlte. Ohne Wartezeit. Einfach da, lag der Zement. Die Fenster, aus Kunststoff oder Holz standen einfach zur sofortigen Abholung bereit, auch die Türen und Zargen. Für mich als Baumann ein Genuss. Mit Gardinen und zugehörigen Stangen fuhren wir weiter durch die Stadt.

Nun sollte ich meinen ersten Hamburger amerikanischer Bauart genießen lernen. Burger King.

Muss sagen, so richtig schmeckte er nicht, noch nicht. Aber der Milch-Shake war ein Traum.

Die Bedienung funktionierte. Es war und ist sehr sauber und das Essen kam und kommt schnell.

Wir schwebten mit dem Chevrolet in B-Waidmannslust ein. Es erwartete mich ein Neubauhaus. Ein herrliches Bauteil in perfekter Ausführung. Undenkbar im Osten des Landes.

Meine Tante zeigte mir das Haus. Sie hatten es unfertig

gekauft von einem Bauherrn, dem das Geld ausging. Im ausgebauten Keller, mit Teppich ausgelegt, Souterrain sozusagen, bezog ich mein Zimmer. Ein alter Spielautomat hing an der Wand. Dieser wurde von meinem Onkel Sparautomat genannt.

All das verlorene Geld verbliebe im Gerät, so seine Aussage. Wenn ich spielen wolle, könne ich das gern tun, sagte er. Sollte ich den Pott knacken, wäre die Ausschüttung mein Geld gewesen. Ich knackte nicht.

Dieses bunte Gedrehe der Walzen, faszinierend und dazu noch das Licht.

Im Westen leuchtete einfach alles und es war bunter.

Zum Abend fuhren wir auf den Kudamm, den Kurfürstendamm, in ein Steakrestaurant. Das erste meines Lebens. Wunderherrlich für mich. Das Essen vom Besten. Der Preis sicher auch. Wieder ein neues Erleben. Nach einem Bummel durch die leuchtenden Straßen bei Nacht endete mein Tag 2.

Alles war so neu, alles war wunderschön, alles ist deutsch, unfassbar, unglaubbar. Meine Traumwelt Westdeutschland war noch überwältigender als ich es jemals erträumt hatte.

Tag 3

Am nächsten Tag erkundete ich die Weststadt allein, per Bus und Bahn. Mit dem selbst gekauften Stadtplan und einer Tageskarte der BVB erlebte ich die Stadt selbst. Es war ein neues Gefühl. Die U-Bahn-Schächte hatten einen eigenen Duft, der bis heute erhalten ist.

Als reicher Mann mit 750 Westdeutschmark kaufte ich mir eine Jacke und 5 Paar Strümpfe im Pack. Gut fand ich mich zurecht. Die Bahnpläne waren gut zu lesen. Freiheit pur. Am Abend besuchten wir unsere Verwandten in B-Marienfelde, zur Autoschau.
Mein Onkel dort hatte sich einen Mercedes 200 Jahreswagen gekauft. Ein Traum wäre das für meinen Vater gewesen, der ja seit Jahren Mercedes fuhr, einen der wenigen in ostdeutschen Landen. Eine Probefahrt folgte, ein guter Wein darauf, gerundet war der Abend.
Als Übersiedler wollte ich mich so schnell wie möglich behördlich anmelden, um Westdeutscher zu sein.
Mein Onkel gab mir gleich am ersten Tag Worte mit auf den Weg, die mich zum Nachdenken brachten: „Du bist Deutscher, mit welchem Ausweis auch immer. Du brauchst Dich nicht sofort anmelden, lass Dir Zeit."
Meine Großtante aus B-Lankwitz meinte am 2. Tag, ich sollte doch meine Fluchtgeschichte an die Berliner Morgenpost verkaufen. Das wäre ein Renner und brächte

Geld. Von dieser Idee hielt ich nicht viel. Ich wollte nur diesen Ausweis als freier Bürger erhalten.

Bisher wusste ich nicht, dass die Deutschen in Westberlin ein anderes Dokument zur Personenerkennung erhielten als in Westdeutschland.

Da ich nach Hamburg weiterreisen wollte, erhielt ich demnach keinen Berliner Ausweis.

Am 4. Tag meiner Neugeburt meldete ich mich im Notaufnahmelager B-Marienfelde als Flüchtling an.

Ich war der einzige Deutsche unter lauter Polen. Seltsames Gefühl. Da ich bei meinen Verwandten wohnte, nur zwei Straßen weiter, war eine Gesundheitsüberprüfung erlässlich. Für alle anderen dort angemeldeten Flüchtlinge im Lager war es Pflicht.

Den erhaltenen Laufzettel musste ich abarbeiten. Sozialabteilung, Gesundheitsabteilung, die Gespräche mit den Besatzern über mich ergehen lassen. Gespräche musste ich führen, ausdrücklich Gespräche, keine Verhöre, mit Amerikanern, Engländern und Franzosen, also den Westmächten.

Es ging immer wieder um die Frage, ob ich oder meine Familie in der Vergangenheit mit der Staatssicherheit in Verbindung kamen. Ob ich Stasi-Mitarbeiter kannte. Wie genau ich geflüchtet war. Mit Hilfe oder ohne. Ob ich den Fahrer kannte. Was meine Eltern arbeiten. Wo sie arbeiten. Welche Verwandten ich im Westteil habe. Freundlich, aber bestimmt, sehr bestimmt wurden mir die Fragen gestellt. Ich betrachtete diese Mitarbeiter, machtausübend, jedoch als Freunde. Denke aber, sie sahen mich als Feind, als potentiellen Feind. Fragen nach Waffen, nach Umgang mit Waffen wurden gestellt.

Von all den 3 Besatzungsmächten wurden ähnliche Fragen gestellt.

Die Mitarbeiter vom Sozialamt zeigten sich überrascht, einen Deutschen vor sich zu sehen. Von ihnen erhielt ich mit absoluter Freundlichkeit 465,00 DM Bekleidungsgeld, eine Sozialspende von 20,00 DM und Sachspenden: Schlafanzug, Hausschuhe, Rasierzeug, Zahnbürste, Seife, Handtuch, Waschlappen, 2 Oberhemden, 2 x Unterwäsche. Somit wurde ich gut ausgestattet mit dem Nötigsten. Es war nie mein Gedanke und eine Forderung von mir, Sozialspenden zu empfangen. Für mein Geld wollte ich arbeiten. Und das so schnell wie möglich.
Der erste Lagertag war Geschichte geworden.
Mein Kapital wuchs auf über 1200 DM, Faktor 5,8 gleich 7000 Ostmark. So rechnete ich immer noch. Meine bisherigen Berliner Einkäufe waren inbegriffen.

Am Nachmittag feierten wir den Geburtstag meines

Onkels mit Kaffee und Kuchen. Anschließend wurde zur Dampferfahrt auf dem Wannsee geladen.

Was für ein Wort: Wannsee „Pack die Badehose ein."
Ein Wort-Traum für mich als Ostdeutscher. Wie oft hatte ich an diesen See gedacht.

Kurz zurück.
Noch in Leipzig sammelte ich Postkarten von deutschen Orten. Mindestens acht „Westberliner Karten" nannte ich mein Eigen. Aus dem Band des Wissens: „Meyers neues Lexikon", suchte ich passende Daten über diese Stadtteile Berlins und fertigte eine „Wandzeitung", wie Publikationen á ´la Ost genannt wurden.
Meine Eltern, besonders mein Vater, hatten keine Einwände.
So kaufte ich mir 2 DDR-Nationalfahnen. Ehrenkranz samt Zirkel und Hammer wurden aus beiden Fahnen senkrecht, gerade herausgeschnitten. So hatte ich 4 gleiche schwarz-rot-goldene Streifen, ohne die kommunistischen Symbole. Diese Streifen heftete ich zusammen und hatte meine „echte" deutsche Fahne. Darauf entstand meine Westberliner Wandzeitung mit Postkarten und selbst geschriebenen Texten. Mein Prachtexemplar.
Hier muss ich abschweifen und noch eine Episode einfügen.

Zur Leipziger Messe mussten alle Westdeutschen, getrennt von Westberlinern, denn die gehörten von ostdeutscher Behördenseite nicht zu Westdeutschland, am Kleinflughafen Leipzig-Mockau ihren Besuch in der Messestadt anmelden. Um internationale Wirkung und Offenheit zu zeigen, wurden an der Straße davor die Fahnen aller Nationen, die auf der Messe ausstellten, präsentiert. Das war mein Ziel. Meinen jüngeren Bruder mit im Boot, fuhren wir mit meinem Moped S 50 am späten Abend zu der „Fahnenschau". Ich kletterte hinterseitig auf das Fahnengerüst und entfernte die Fahne der USA. Unbemerkt und leichtfüßig konnte ich wieder absteigen. Mein Bruder sicherte mich und das Moped ab. Mit unserer brisanten, heißen Beute konnten wir unbemerkt den Rückweg antreten. Tja, der Fehler, ein Fehler, mein Rücklicht war defekt. Eine Polizeistreife winkte uns heraus. Panik. Heiße Köpfe. Sie hatten uns beobachtet dachte ich. Die Frage des Systemvertreters: „Was machen wir denn vor Fahrtbeginn?". Ich entgegnete: „Benzinhahn aufdrehen und starten.", „Und weiter?" fragte der Polizist. Ich „Dann losfahren.". Falsch: „Licht kontrollieren.". „Gut, da haben Sie Recht." antwortete ich. „Ihr Rücklicht ist defekt." sagte der Beamte. Also das war mein Vergehen. Soweit ich erinnere betrug die Strafe 10 Mark. Wir durften weiter fahren auf dem kürzesten Weg nach Hause, mit US-Fahne unter der Jacke. Das Sternenbanner hatte mich schon immer fasziniert. So sollte es künftig meine Zimmerwand schmücken.

Gedacht, getan. Sie leuchtete einen Tag später und nur diesen Tag.

Als mein Vater mein Zimmer am nächsten Tag betrat, gab es ein Donnerwetter. Die Fahne musste sofort abgenommen werden. Die Amerikaner waren im letzten Krieg unsere Feinde, so seine Wortbegründung. Sie hatten sich mit den Russen verbündet und somit den Krieg gewendet.
Das hat sich in mein Herz gebrannt.

Zurück in mein neues Leben.
Der Wannsee faszinierte mit seiner Größe. Die Wassersportler, die Restaurants, alles strahlte Fröhlichkeit und Lebenslust aus. Ein wunderschöner Tag endete bei Pizza und Wein.
Der Freitag, Tag 4, verlief ohne besondere Ereignisse.
Vormittag war das Notaufnahmelager mein Ziel.
Als Heimschläfer, bei meinem Onkel, durfte ich ab dem Nachmittag bis zum nächsten Morgen das Lager verlassen.
Der Samstag, Tag 5, war ein besonderer Tag. Wir wuschen den alten Audi und polierten ihn. Denn am Nachmittag wollten wir den Flugtag auf dem Flughafen

Tempelhof besuchen. Ein Wahn des Seins. Die westlichen Kriegssieger präsentierten all ihre Waffen und Flugzeuge. Eine faszinierende Show. Ein echtes Volksfest, muss ich sagen.

Halb Westberlin schien auf den Beinen gewesen zu sein Die Berliner im Westteil wussten genau, wem sie ihre Freiheit im Einschluss des roten Meeres zu verdanken hatten. Und sie dankten.

Ps. Meine erste „Berliner Weiße" schmeckte mir nicht.

Der 7. Tag meines zweiten Lebens war der letzte Tag im Notaufnahmelager B-Marienfelde. Von den amerikanischen Behörden erhielt ich eine Sondergenehmigung zur Flugberechtigung nach Hamburg, ausgewiesen mit einem ungültigen Personaldokument. Mit dem nicht anerkannten „DDR-Personalausweis", durfte ich die Insel verlassen.

Gebucht war bei PANAM. Nur eine amerikanische Fluggesellschaft durfte diese Strecke bedienen. Es sollte mein erster Flug werden. Dieser wurde auf meinen 11. Tag im Leben zwei gelegt, den 13. Mai 1983. Der Weg nach Hamburg war immer mein Ziel gewesen.

Als ostdeutscher Flüchtling wäre Westberlin zu eng gewesen. Für mich hätte es im weiteren Leben ja nur den Flug als Reiseweg gegeben. Mit dem Auto hätte ich die Insel nie verlassen können, praktisch schon. Aber.

Die sozialistischen Grenzer wären in dem Fall zu

Vollstreckungsgehilfen des Oststaates geworden und hätten mich verhaftet und rückgeführt. So flog ich gen Nordwesten, zu Onkel und Cousine, am Freitag, den 13.ten.

Bevor mich mein W-Onkel zum Flughafen brachte, zeigte er mir noch den „Check-Point-Charlie", einen Grenzübergang zwischen Ost- und Westberlin. An diesem Diplomaten-Übergang standen sich im Jahre 1961 die Panzer der einstigen Siegermächte gegenüber. Die dortige Ausstellung beeindruckte mich bis ins Mark. Wie die Menschen unter Gefahr des Lebensverlustes ihren Freiheitswillen durchsetzten und flüchteten. Zum Beispiel: im kleinen Fiat ohne Tank, mit dem LKW, der gepanzert war mit Platten aus Stahl, mit dem Ballon. Es gibt viele weitere Beispiele.
Dort kaufte ich mir das Buch mit dem Titel: „Die Mauer". Ein Buch des Sternverlages. Der Einband ist 4x auszuklappen und wird zum Bild einer beachtlichen Mauer, die frustriert.

Mein Satz zum Mauerbauer war immer der: Die Kommunisten haben die Mauer gebaut, um sich selbst vor der eigenen Politik zu schützen.

Dieser Platz, der „Check-Point Charlie", berührte mich tief.

81

Mein W-Onkel zeigte mir danach einen Flohmarkt in einer stillgelegten S-Bahn-Station, bestehend aus Stahl.

Das Angebot an alten, teils Schrottsachen, war überwältigend. Und es wurde verkauft. Nicht jedes Altteil fand seinen Käufer. Aber die Geschäfte liefen dort.

Ein Plakat, so wurden Poster im Osten genannt, erstand ich als Erinnerung an meine Fluchtstadt.

Motiv: Blick auf den Kudamm mit der im zweiten Weltkrieg zerstörten Kaiser-Wilhelm-Gedächtnis-Kirche.

Sie ist bis heute ein Mahnmal gegen den Krieg.

Freiheit ohne Grenzen

Der Zeitpunkt war gekommen. Abflug. Flughafen Tegel. Ein Meisterwerk der Architektur. Man fährt in ein Rondell, nach unten zum Parkhaus. Oben sind die Check-In-Schalter im Kreis angeordnet. Die Maschinen stehen kreisförmig um das Gebäude und warten auf Passagiere.

Ich war ja bereits angemeldet, sonst hätte ich mit so einem seltsamen Personaldokument diese Kontrolle nicht durchlaufen können.

Am Check-In. Keine Fragen. Eine Durchsuchung, körperlich. Kannte ich von Ostgrenzern. Wunderbar.

Endlich, ich saß im Flugzeug. Das Wort wird leider im

Westen als „Flieger" verniedlicht. Kaum waren wir in der Luft, Getränke bestellen, einen kurzen Tomatensaft wählte ich, weil bereits der Landeanflug einsetzte, bereits nach 25 Minuten. Dann landete ich in der Stadt, die ich kennenlernen sollte und wollte und bis heute liebe.

MEINE HEIMAT 2 – Hamburg

Am Ausgang des Terminals wurde ich von meinem Großonkel und meiner Großcousine empfangen.
Ein schönes Gefühl war es. Familie ist nun mal Familie.
Von Hamburg-Fuhlsbüttel führte unser Weg in den Stadtteil Bergedorf. Auf der fast 40-Minuten-Fahrt blieb genug Zeit, um meine Fluchtgeschichte zu erzählen.

Hamburg ist so anders als Berlin, war das Auffälligste, das mir auffiel. Fast alle Häuser sind in der Nordstadt rot verklinkert. Das macht die Stadt dunkel. Der erste Eindruck war erdrückend. Eine endlos scheinende Fahrt durch dunkelrote Häuserschluchten.
Dann folgte ein gutes Stück auf der Schnellstraße B5. Entfernungen.
Mein Onkel besaß ein Grundstück direkt an der Bille, einem Fluss, der dem Stadtteil HH-Bergedorf den Namen Billestadt verdankt.

Ein altes Haus erwartete mich. Es roch feucht und muffig. Die Räume waren klein. Es ist eine Tatsachenfeststellung, keine Abwertung. Ohne viel Gerede wurde ich im Obergeschoß einquartiert. Ein schönes Zimmer mit Mini-Toilette und Waschbecken nebenan wurde mein Zuhause.

Eine Stunde wurde mir gegeben um mich einzurichten.

Mein Onkel besaß 3 Pferde, er war ein begnadeter Reiter. Viele Auszeichnungen begleiteten sein Leben. Von Kindesbeinen an waren Pferde sein Leben.

Er ritt bereits in unserem verloren gegangenen Pommern mit seinem eigenen Pferd zur Schule, klar, auch zurück.

Punkt auf den Termin fuhren wir zum Pferdestall nach Börnsen, einem Dorf nahe Hamburg gelegen. Ein gemütlicher Abend mit Reiterfreunden meines Onkels schloss den Tag.

Es war der erste Samstag im Hamburgischen, ein schöner Tag. Meine Cousine lud ein zum Bummel durch die HH-Bergedorfer Innenstadt. Eine schöne Einkaufsstraße mit alten stilvollen Häusern zeigte sie mir. Ein Geschenk machte sie mir, eine Hose. Ich selbst kaufte mir Schuhe. Am Nachmittag fuhren wir mit meinem Onkel nach Bad Oldesloe, wo uns meine Geldverwahrungstante aus Nürnberg und meine Urgroßtante aus Bad Oldesloe erwarteten.

Meine Nürnberger Tante übergab mir die Zinsen für mein Spargeld, 25,00 DM und von ihr selbst 10,00 DM Startgeld für meinen Neuanfang. Auch meine Urgroßtante, im Jahr 1900 geboren, unterstützte mich mit einem 20,00 DM – Schein. Gemeinsam fuhren wir nach dem Kaffee weiter nach Eutin zum „Pommerschen Heimattreffen". Diese Tradition des Gedenkens an unsere deutschen, verlorenen, Ostgebiete darf nicht sterben. Es ist uns Deutschen ebenso Unrecht angetan worden, wie anderen Nationen.

Meine Mutter ist in Pommern, im Ort Hansfelde bei Stargard gelegen, geboren worden. Bedingt durch diesen Hintergrund, wurde ich dort als Pommernsohn begrüßt.
Der „Pommersche Heimatverband" übergab mir 25,00 DM Startgeld. Unterstützung erhielt ich von allen Seiten. Ein gutes Gefühl.
Bei dem Treffen wurde über die alte Heimat geredet, über Erlebnisse, Verstorbene, Reisen in die alte Heimat. Für mich blieb nur zuhören.

Das Treffen ging über 2 Tage. Für Übernachtung war gesorgt worden. Ein altes, aber feines, Hotel bot uns Unterkunft.
Am Sonntag traten wir die Heimreise an, brachten die Tanten nach Oldesloe, dann folgte die Weiterfahrt nach Hamburg. Eine sehr interessante Erfahrung für mich.

Der Hamburger Alltag nahm seinen Lauf. Anträge stellen, Anmelden. Personalausweis beantragen. Vorher ließ ich 4 Passfotos fertigen, zum Schockpreis von 9,50 DM, über 50,00 Ostmark!. Immer noch rechnete ich um in die Währung der Vergangenheit. Verwandtschaft väterlicher Seite ist in Oldenburg zu Hause. Auch meine Jugendliebe, meine Großcousine. Ich wollte sie besuchen. Am nächsten Tag, meinem 18. Tag im Leben 2, konnte ich meinen westdeutschen Personalausweis abholen. Als freier Deutscher reiste ich nun nach Oldenburg.

In Bremen musste ich umsteigen, vom Intercity in den Regionalzug.

Meine Verwandten, Tante und Onkel, wollten in den Urlaub fahren. So konnten sie mich nicht vom Bahnhof abholen, so die vorherige telefonische Aussage. Mit dem Bus erreichte ich die Flötenstraße in Oldenburg. Herzlich wurde ich begrüßt. Es blieb leider nicht viel Zeit für lange Gespräche. Ihr Kurz-Urlaub rief.

Zurück im Hause blieb meine Cousinenliebe. Wir hatten nur eine ¾ Stunde für uns. Die Zeit der Trennung, bedingt durch die Teilung von Ost- und Westdeutschland, hatte sie mir genommen, die Liebe genommen.

Es hätte eine gemeinsame Zukunft für uns geben können, da sie nicht die leibliche Tochter von Tante und Onkel ist. Sie hatte nun einen Freund, den sie in Kürze heiraten wollte. Sie zeigte mir ihr Elternhaus, einen Winkelbungalow mit Swimmingpool, ein Haus zum

Wohlfühlen, völlig anders als die in Berlin und Hamburg.

Mein erster Discobesuch – Oldenburg - 1983
Das Erlebnis

Völlig andere Lichteffekte als in Leipzig. Auch andere Titel wurden gespielt. Im anderen Teil des Landes war der Anteil an musikalischen Ostprodukten genau festgeschrieben. Hier, in Oldenburg wurden nur die absoluten Hits gespielt. Die Atmosphäre war unbeschreiblich: Flensburger Pils aus der Flasche, Barcadi-Cola: Westen-Life. Allerdings floss das Geld nur so durch die Finger.
Nach 3 Tagen kamen Tante und Onkel von ihrem Kurztrip zurück.
Am Abend besuchten uns die Großtante Leni und der Großonkel Hans. Meine Flucht war natürlich Thema Nummer eins des Gesprächs, sowie meine weitere Zukunft. Die Wiedersehensfreude war riesig. Die Beiden hatten wir in Leipzig mehrmals gesehen. Einen gemeinsamen deutsch-deutschen Urlaub verlebten wir sogar in Bulgarien.

Die Zeit in Oldenburg verging schnell, die Zugrückfahrt auch.

Das 2. Amt

Nach meinem 2-Wochenurlaub in Oldenburg meldete ich mich nun arbeitslos.

Auf dem Arbeitsamt wartete ich eine Stunde bis zum Empfang durch eine f r e u n d l i c h e Mitarbeiterin im Alter von Mitte vierzig, ausgestattet mit strengen, kurzen Haaren. Mit hartem Blick erhielt ich meine Lektion. Mein Versäumnis, ich hatte mich nicht sofort nach Ankunft in Hamburg arbeitslos gemeldet. „So ginge das nicht. Es wäre meine Pflicht gewesen. Mir werden erst ab dem heutigen Tag der Arbeitslos-Meldung Zahlungen zugeteilt" maßregelte sich mich. Es ging mir jedoch nie darum, solche Zahlungen zu erhalten. Ich wollte Verwandte besuchen, Westdeutschland erleben, ehe ich mich in die Arbeit stürze. Urlaub von der Arbeitslosigkeit hätte ich zu beantragen, belehrte sie mich. So meldete ich sofort Urlaub für das kommende Wochenende an. Mit Unverständnis reagierte, die für mich zuständige Bearbeiterin auf meinen geplanten Berlin-Kurz-Trip per Flugzeug. Und das als Arbeitsloser.

Aber genehmigt, nach eindeutiger Aufklärung der Umstände.

Inselflug

Meine Großmutter aus Güstrow im Mecklenburgischen, hatte eine Reisegenehmigung für West-Berlin erhalten. Ich musste hin, mit ihr reden, berichten von meiner Flucht. Ein Flug Hamburg-Berlin hin und zurück kostete mit der Linie PANAM 155 DM. Dieses Sparangebot galt jeweils für den ersten und letzten Flug eines jeden Tages. Freitag 20.30 Uhr ging es los. Kaum war die Maschine gestartet, wurde ein Getränk gereicht. Tomatensaft mit Pfeffer und Salz wählte ich. Schnell austrinken war Pflicht, denn der Landeanflug begann bereits nach 15 Luftminuten. Eine knappe ½ Stunde dauerte der Luftaufenthalt.

Am Flughafen Berlin-Tegel wurde ich von meinem Onkel abgeholt. Ab ging es nach Marienfelde. Ein schöner Abend, bei Wein aus Box-Beutel-Flaschen und Knabbereien, wie am 1. Tag.

Am nächsten Tag brachte mich mein Onkel nach B-Lankwitz zu meiner Großtante. Meine Oma war dort bereits eingetroffen. Mein Herz raste. Eine ostdeutsche Seele in West-Berlin. Ein vertrauter Teil meiner Familie war gekommen. Es gab unendlich viel zu erzählen. Von meiner Seite, der Flucht, dem Empfang und der Aufnahme in Berlin, dem Hamburg-Flug, dem Urlaub in Oldenburg, dem Arbeitsamt, meinem Hamburger Zuhause bei ihrem Bruder. Meine Großmutter interessierte sich für alles brennend. Sie berichtete mir ihrerseits von meinen Eltern und Brüdern.

Zwischenbericht - Ost

Meinen roten Franzmann musste ich ja auf dem Autobahnrastplatz zurücklassen. Meine Eltern holten das Auto von dort ab und wurden dabei von der Polizei beobachtet und bis nach Hause verfolgt. Mein Vater parkte den R4 ganz hinten in der Tiefgarage meines Elternhauses. Quer wurde er gestellt. Sein Bollwerk Mercedes davor platziert. Kurz nach dieser, für meine Eltern aufregenden, Aktion fuhren zwei graue Wagen der Marke Wartburg vor. Staatssicherheit.

Meine Mutter war allein zu Hause. Sie rief meinen Vater seinem Betrieb an und berichtete, dass eine Staatsmannschaft vor dem Haus eingetroffen war. Sie wollten sofort eine Durchsuchung meines Jungendzimmers durchführen.

Passanten von der Straße sollten als Zeugen zwangsverpflichtet werden, um diese staatliche Maßnahme, Zimmerdurchsuchung, zu bezeugen.

Mein Vater verneinte am Telefon. Meine Mutter solle diesen Leuten keinen Einlass gewähren bis zu seiner Ankunft. Mit zwei vertrauten Kollegen traf er am Ort des Unrechtsgeschehens ein. Sie bezeugten die oststaatliche

Maßnahme. Die roten Erben des braunen Terrors, bedienten sich der gleichen Methoden, um Andersdenkende als Staatsfeinde zu bekämpfen, auszuschalten, abzuschalten oder wegzuschalten.

Jeder Winkel meines Zimmers wurde durchwühlt auf der Suche nach Beweisen für meine Schuld ein Staatsfeind zu sein. Anhaltspunkte für meinen Fluchtweg, diese zu finden, war das Ziel. Das erklärte Staatsverbrechen war Republikflucht, Freiheitsdrang und Freiheitswille.
Viele meiner persönlichen Sachen und Aufzeichnungen wurden eingesammelt und beschlagnahmt.
Auch mein Auto als Fluchtwerkzeug, obwohl ich dieses zuvor mit Kaufvertrag an meinen Vater verkauft hatte. Der Vertrag wurde für ungültig erklärt. Zur Überlegung. Es wurde zuvor keine Ummeldung meines Fahrzeuges auf meinen Vater vorgenommen.

Selbst meine Eltern wurden beschlagnahmt, für 10 Stunden. Getrennt voneinander mussten sie ein Verhör über sich ergehen lassen. Immer wieder wurde die gleiche Frage gestellt: „Wann haben Sie von der Flucht Ihres Sohnes erfahren?" Mitwisserschaft sollte bewiesen werden. Aber gefehlt. Kein Beweis sich finden ließ. Den Beiden war von der Flucht in dieser Nacht nichts bekannt geworden. Nur mein Vater hatte ja den Verdacht auf einen wahrscheinlichen Fluchtversuch.

Auch in der Schule meiner Brüder ging es zu, wie im dritten deutschen Reich vor 1945. Die Klassenlehrerin meines jüngsten Bruders stellte sich demonstrativ vor die Klasse und forderte die Schüler auf, meine Brüder zu meiden. Ihre Lehrerworte: „Der Bruder Raik hat sich gegen unser Land, und damit gegen uns entschieden. Er ist ein Feind unseres Staates."
Die Sippenbestrafung war vollzogen.

Beim dem Betrieb, dem Institut für Grafische Technik Leipzig, in dem meine Mutter beschäftigt war, war ein sogenannter Parteibetrieb Dieser Betrieb wollte sich nach meiner Flucht gegen sie entschieden.
Ohne Mitglied der Sozialistischen Einheitspartei Deutschlands (SED) zu sein, wäre eine Weiterbeschäftigung dort künftig unmöglich. Sie sei untragbar, könne nicht weiter beschäftigt werden. Sie habe ihren Sohn nicht im Oststaatssinne erzogen. Die Ursachen meiner Flucht seien bei ihr, den Eltern, zu suchen. Nur durch den unbeugsamen massiven Einsatz ihres Chefs wurde die Kündigung der Frau abgewendet, die ja seit dem 02.05.1983 Verwandtschaft 1. Grades im Westteil des Landes hatte.
Ein Zustand mit Widerstand.

Gedanklich schwenke ich zurück nach Westberlin.
Ende der Kurzreise.

Meine Großmutter erhielt die Reisegenehmigung für den Westweg nach Berlin, ein Privileg fast nur für Rentner, jedoch, was sie nicht wusste, nur um meinen Fluchtweg in Erfahrung zu bringen. So erdacht von den Staatsbeamten. Die gemeinsame Zeit verging fliegend im Rausch des Erlebten und Erzählten.

Sonntag hieß es Abschied nehmen. Die Wege teilten sich für uns. Die Mutter meiner Mutter trat den nordostdeutschen, der Sohn meiner Mutter den nordwestdeutschen Heimatweg an.

Der Flug von Berlin-Tegel nach Hamburg-Fuhlsbüttel war schnell geschafft. Vom Flughafen Hamburg ging es im Jasper-Flughafenbus zum Hauptbahnhof und weiter mit der S-Bahn nach HH-Bergedorf, dem südöstlichen Randbezirk der Hansestadt. Von dort folgte noch ein Fußgang von 10 Minuten. Ein weiter Weg war nach 1 ¾ Stunden endlich geschafft. Die Größe Hamburgs ist immer wieder überwältigend.

Das Haus meines Onkels, direkt am Bille-Fluss gelegen, lag im Dunkeln. Niemand erwartete, wartete auf mich.

In der Einsamkeit der Stille durchlebte ich das Gelebte noch einmal in Gedanken. Was habe ich getan, meinen Lieben angetan? Welches Leben wird ihnen künftig aufgezwungen? Welche Schwierigkeiten müssen sie durchleben. Zum ersten Mal nach meiner Flucht befielen mich Vorwürfe. Es waren keine Zweifel am Getanen.

Die Angst, meiner Familie könnte es schlecht ergehen, ließ mich nicht einschlafen. Nach Stunden bemächtigte sich endlich der Schlaf meines Körpers und meine Gedanken wurden blass.

Ein Behörden-Montag erwachte

Mein Onkel und ich frühstückten meist getrennt, so auch an diesem Tag. Er war schon in seiner Firma, als ich meinen Tag begann. Direkt am Haus betrieb er eine Produktion und Werkstatt für Schachuhren. Weltweit werden diese vertrieben, bis heute. Ein aufwendiges Geschäft mit extremen Höhen und Tiefen. Aber das Wagnis lohnte sich für sein Leben. Drei abgezahlte Häuser stellte er in seine Wirtschaftswelt. Nach meinem sparsamen Frühstück, alles war von mir durchgerechnet und kalkuliert, folgte ich meinem Onkel in die Firma. Aufgeregt erzählte ich ihm von meinem Wochenend-Treffen mit meiner Großmutter, seiner Schwester. Nachdem ich seinen interessiert, brennenden Fragen Genugtuung verschafft hatte, stellte ich meine Wochenfrage: „Hat sich Dein Freund gemeldet?". Dieser betrieb ein Baugeschäft und wollte mich anstellen, sobald er den nächsten Auftrag erhält. Der Auftrag kam nicht. Also keine Anstellung für mich. Zumindest nicht bei dem Freund meines Onkels.

Auch in der Schachuhrenwerkstatt fand sich kein Arbeitsplatz für mich. Auftragsmangel. Außenstände. Ein Abnahmegroßhändler hatte nicht gezahlt. Das ewige Spiel, das der Kapitalisten.

Die ewigen Nachfragen und Bittstellungen hatte ich satt. Mein frei gewählter Weg führte mich nun zum Arbeitsamt. Viele Suchende bevölkerten den Warteraum. Im Vorraum stand so eine Art von Job-Computer, besser Job-Suchmaschine. Als unbeholfener neuer Westdeutscher versuchte ich mich an diesem Apparat. Er funktionierte. Auch für mich, einenm Sozialismus-Flüchtling, war er bedienbar. Ein Positiv-Schock. Nein. Wirklich. Fünf Stellen als Maurer oder Monteur waren zu vergeben. Konnte das möglich sein? Der ostdeutsche Staat predigte wiederholend, die Arbeitslosigkeit sei das Westübel.
Und hier in Hamburg?

Meine Arbeitslosen-Verwalterin rief mich auf. Nach harter, regungsloser Begrüßung meldete ich meinen selbst heraus gesuchten Arbeitswunsch an. Etwas, aber nur etwas, freundlicher suchte sie den Arbeit-Vergeber aus dem Register. „Die Stelle ist noch frei" sagte sie. Die telefonische Rückfrage erbrachte mir einen Vorstellungstermin in Hamburg-Ochsenwerder, bei einer Brandschutz- und Service GmbH. Der Termin wurde für den nächsten Morgen 8.00 Uhr vereinbart.

Mit Vermittlungsschein und „Tschüss" verließ ich das Bergedorfer Arbeitsamt. So locker „Tschüss" hatten wir in Leipzig nur privat gesagt.

Meinen Bericht über den Vorstellungstermin nahm mein Onkel unbeteiligt auf. Es könnte Enttäuschung gewesen sein darüber, dass er mich nicht bei seinem Freund unterbringen konnte.

Die Tochter meines Onkels, meine Cousine vom zweiten Grad, hatte mir ihren Käfer in der Zeit ihres Urlaubes überlassen. Einen alten 1300er. Die Grundfarbe in türkis hatte sie mit weißen Anmalungen verziert. Ein peppiger Kunstversuch.

Sie besuchte, erlebte zu der Zeit die USA. Quer durch wollte sie die Staaten erforschen. Ein noch unbekannter Traum für mich.

Wie in jeder neu gelebten Stadt, so auch hier, hatte ich mir bereits einen Stadtplan zugelegt. Den Einsatzort meines eventuell neuen Arbeitslebens hatte ich schnell gefunden.

Am Abend zuvor versuchte ich zwei Stunden lang meine Leipziger Familie telefonisch zu erreichen. Zweistündiges Wählen ohne Pause, mit Wählscheibe. Ständig war der Anschluss besetzt. Dann, ich wollte gerade aufgeben, ein Rufton ertönte gegen 22.00 Uhr.

Meine Eltern waren noch auf. Meinen Vater hatte ich am Apparat. Freudig erzählte ich ihm von meinem Tag. Das Gleiche dann nochmals meiner Mutter. Beide waren voller Freude. Ihr verlorener Sohn hatte eine Arbeit im Westen gefunden. Im Osten „sonst" nichts Neues.
So schlief ich unruhig ruhig ein.

Am vorigen Tag war ich die Strecke zu meiner Vorstellungsfirma bereits abgefahren. So konnte ich, ohne Suchprobleme, den Weg nach Vierlanden, Stadtteil Ochsenwerder, zurücklegen. Aufgeregt betrat ich das Büro der Firma. Der zweite Chef befragte mich entsprechend seines Fragebogens. Ich bestand die Sicht- und Eignungsprüfung. Arbeitsbeginn sollte sofort sein. Damit hatte ich nicht gerechnet. Der Einsatzort wurde Oldenburg in Oldenburg. Genau dort wohnt ja, wie erwähnt, die Verwandtschaft meines Vaters.

Mit dem Dienst-PKW fuhren wir zu mir nach Hause. Ich musste Sachen für eine 4-Tages-Arbeitswoche packen. Bis Freitag sollte der Einsatz andauern. Die neu zu errichtende Universität in Oldenburg sollte unser Einsatzort werden.
Kurz gepackt und los ging es. Zu viert fuhren wir ins Friesenland. Die Ankunft folgte nach zwei Stunden. Ein Rohbau erwartete uns. Zwischen den Räumen verlaufen Rohrleitungen unter den Decken. Um den Brandschutz zu

gewährleisten, zu sichern, mussten die einzelnen Räume vor eventuellen Brandübergriffen auf die Nachbarräume gesichert werden. Das wurde unsere Bau-Aufgabe. Aus Matten von Glaswollfasern schnitten wir die Abschottungen heraus. Unter den Decken herrschten damals unbeschreibliche Temperaturen. Es war ein heißer Sommer. Die Luft flimmerte von Glasfasern. Meine Lunge brannte. Die Haut litt unter winzigen, unzähligen Stichen. Sie rötelte. Meine Arbeitskleidung rieb stechend auf der Haut. Endlich Arbeitsschluss. Meine Kollegen brachten mich zu meinen Verwandten, die mich bereits mit einem phantastischen Abendbrot erwarteten.

Nach dem ehrlichen und herzlichen Empfang von Onkel und Tante meines Vaters benötigte ich dringend ein Bad. Die peinigenden Fasern des Glasfaserstoffes musste ich trennen von meinem Körper. Es gelang zum größten Teil. Ein Rest, ein quälender Rest, begleitete mich zu Tisch und zu Bett. Tagelang, bis zum Freitag, fügte ich mich in mein stechendes Schicksal.

Mit dem geliehenen Fahrrad meines Onkels erfuhr meine Haut wenigstens eine kurze Kühlung auf der Fahrt zur Baustelle und zurück Das Gefährt geleitete mich durch den Wind.

Endlich war der Freitag gekommen. Heimreise. Meine Firma zahlte mir eine Auslösung von 40,00 DM für jeden Tag der Dienstreise. Dieses Geld wollte ich meinen Wirts-Verwandten zukommen lassen, die mich umsorgten. Ihr Widerstand ließ es nicht zu. So versteckte ich das Geld unter der Bettdecke im Friesischen.

Heim ging es mit Stau, fünf/ dreiviertel Stunden für 180 Kilometer.

Das Erlebte der Arbeitswoche trug die Kündigung in sich. Am Sonntag bewegte ich den alten schluckenden Käfer in die Vier- und Marschlande, um meine fristlose Kündigung persönlich in den Firmenkasten zu befördern.

Ein neuer Job war wieder leicht zu finden.

Es war Sommer. Auf dem Bau herrschte Hochsaison. In Norderstedt, einer kleinen Stadt nördlich von Hamburg, baute eine kleine Firma Einfamilienhäuser. Dort stellte ich mich als Maurer vor. Die Einstellung war nach Kurzem perfekt. Meinen Facharbeiterbrief brauchte ich nicht vorzuzeigen. Der Chef sagte zu mir, dass er ja sehen werde, ob ich mauern kann. Arbeitsbeginn war am nächsten Tag. Wie aus meinen Zeiten im Leipziger Baukombinat gewohnt, betrat ich die Baustelle dort nur mit mir selbst, ohne jegliches Werkzeug.

Mein Chef nahm es mit Verständnis und verwunderter Gelassenheit auf, nach meinen Erklärungen. Dann suchte er in seinem Bestand nach Werkzeug für mich. Er fand eine Riesen-Maurerkelle, 26er Format, kannte ich vom

Osten her nicht, dort wurde mit 24ern gearbeitet. Auch eine Wasserwaage aus Holz, so wie ich gewohnt war, wechselte den Besitz. Nur kurze Zeit später wurde mir klar, solch ein historisches Holzgerät kam hier nicht mehr zum Einsatz. Die Maurerkollegen arbeiteten mit Aluminiumwasserwaagen in den buntesten Farben.

So sollte das Arbeiten wohl mehr Spaß machen.

Es ging gleich los, Probemauern an einer Mauerecke eines Einfamilienhauses. Der Vorarbeiter war vollauf begeistert von meiner Leistung. Genauso einen Qualitätsmaurer hatte er gesucht. Meine Ausbildung war also westtauglich. Der Chef zu mir, ich werde ab sofort als Eckenmaurer (Schrotmaurer) eingesetzt. Für das Schnurmauern wäre ich zu wertvoll. Bei diesem Ecken mauern, dem Schrotmauern, kommt es auf absolute Qualität an, Lot und Waage müssen genau stimmen, es handelt sich ja um die Außenecken eines neuen Gebäudes. An zwei dieser genau festgelegten Außenpunkte eines Neubaus errichten 2 Maurer einen sogenannten Schrot nach der Maßgabe von zwei zuvor gefertigten Schichtenlatten. Dabei handelt es sich um schlichte Holzlatten. Diese wurden mit Strichen versehen, die die einzelnen Ziegelschichten kennzeichnen. 8 gemauerte Schichten ergeben einen Höhenmeter. Mehrere Eckschichten werden gemauert. Der Fugenmörtel muss dann abbinden (fest werden) um einer gespannten Mauerschnur Halt zu geben. In die Fugen dieser ausgehärteten, in Maurerdeutsch: angezogenen, Ecken wird dann jeweils ein Nagel geschlagen. An den Nägeln wird die Mauerschnur befestigt und gespannt. Die Schnurmaurer setzen die Steine dann nach dieser Schnur und füllen somit die Wand zwischen den Ecken.

19.00 Uhr, endlich Feierabend. Von Norderstedt nach HH-Bergedorf brauchte ich mit dem Käfer eine Stunde. Am nächsten Tag sollten wir sogar bereits um 7.00 Uhr mit dem Mauern beginnen, wegen der Sommerhitze.

12 Stunden Arbeit mit einer Pause.

Nach 2 Wochen dort auf der Baustelle ging mein Geld zur Neige. Ich steuerte auf den absoluten Nullpunkt zu. Der vorherige Arbeitgeber, die Brandschutzfirma, hatte noch keinen Lohn gezahlt. Bei der jetzigen Firma musste ich erst einmal den ersten Monat „voll machen".

Der Käfer schluckte meine letzte Mark, der Tank war leer. Bis Norderstedt würde ich wohl nicht mehr kommen. Mein Portemonnaie beherbergte noch 5,50 DM. Damit wollte ich nicht tanken fahren, also tanken laufen. Es wäre mir zu peinlich gewesen. So nahm ich den Kanister, um zu Fuß für 5,50 DM zu tanken. Nach dem Umfüllen aus dem Kanister in den VW, der um die Ecke parkte, begann ich meinen Weg zur Arbeit.

Nach dem Frühstück nahm ich mir ein Herz, das sehr

klopfte, und bat meinen Chef um einen Lohnvorschuss. Kein Problem für ihn, 200 DM gab er mir.

Der Sommer verging. Mein Hamburger Onkel und meine Cousine kamen aus dem Urlaub zurück. So wurde ich wieder autolos. Zur Arbeit fuhr ich seitdem mit der Bahn.

Opel Manta - 1983

Der Lohn wurde pünktlich gezahlt. Über 2000 DM erhielt ich netto als Alleinstehender. Ein Betrag, auf dem ich aufbauen konnte. Mit einem Arbeitskollegen freundete ich mich an. Er lud mich zu sich nach Hause ein. Wir tranken gut, redeten gut. Autos waren auch ein gutes Thema, für mich als Liebhaber erst recht.
So kamen wir auf seinen Onkel zu sprechen, der einen Opel Manta besaß, den er verkaufen wollte. Mein Interesse war geweckt. Von Einzelheiten über das Fahrzeug wusste er allerdings nichts. Gesagt, getan.
Wir trafen uns am nächsten Wochenende zu dritt bei seinem Onkel. Der Manta GTE in Farbe Silber, Automatik, was selten ist bei einem Manta, war noch angemeldet. Eine Probefahrt sollte mich überzeugen. Sanftes Fahren, mit einem Käfer unvergleichbar. 115 PS, ein Traum. Der Preis für dieses 6-jährige Auto mit 83 Tausend km Laufleistung – 3.500 DM. Kaum zu glauben.

Meine finanziellen Mittel waren noch begrenzt. Ich hatte diese Summe nicht. Der Kauf wurde trotzdem perfekt gemacht. Ich konnte meinen Manta in monatlichen Raten zu 500 DM abzahlen, ohne Zinsberechnung.

Als Wechseldeutscher nicht informiert, fuhr ich daraufhin zum Verkehrsamt Hamburg-Bergedorf, um das Fahrzeug umzumelden.

„Dazu benötigen Sie eine Deckungskarte der Versicherung" so wurde ich aufgeklärt. „Aha, und wo erhalte ich diese?" fragte ich.

„Gleich im Hause" war die Antwort. Im Büro einer Vertretung der Allianzversicherung unterschrieb ich einen Vertrag und hielt die notwendige Karte in den Händen.

Was ich nicht wusste, als Führerscheinneuling werde ich im Tarif mit 175 % eingestuft. Das wurde teuer bei einem Manta GTE mit 115 PS. 530 DM Prämie im Vierteljahr wurde errechnet. Der Schock folgte jedoch erst später, nach Erhalt des Versicherungsscheines.

Im Osten des Landes gab es diese Regelung nicht. Es war dort pauschal geregelt.

Nun wieder am Schalter zurück. „So können wir Ihr Fahrzeug nicht zulassen, es ist TÜV-fällig" entgegnete die Zulassungsfrau. „Was ist TÜV?" war meine Frage.

„Eine technische Überprüfung des Fahrzeuges. Diese muss aller 2 Jahre vorgenommen werden" so die Antwort. „Die TÜV-Station befindet sich gleich im Nebenhaus, ich ruf mal an" sagte die echt freundliche Frau und erfragte einen Termin. Es war eine sofortige Untersuchung möglich. Hinter dem Haus befand sich die Einfahrt. Ein Fahrzeug war noch vor mir an der Reihe. Dann war ich dran. Ich wusste von nix. „Tja, hier sehen Sie" sagte der TÜV-Meister. Eine von den beiden Kennzeichenlämpchen hatte einen Wackelkontakt. Das war alles. TÜV bestanden mit geringem Mangel. Zulassung ging klar.

Mein Kollege war erstaunt über die Zulassung mit geringem Mangel, denn er wusste ja eigentlich um die TÜV-Fälligkeit, die er und sein Onkel mir verschwiegen hatten.

Die Firma, in der wir beschäftigt waren, meldete Konkurs an. Wir sahen uns nie wieder.

Italien - 1984

Als Arbeitsloser und Wartender auf einen Abi-Platz, wollte ich meinen Traum, der mich bereits im russisch besetzten Teil des Landes beherrschte, nach Italien zu reisen, in die Verwirklichung umsetzen. So beantragte ich wieder einmal Urlaub beim Arbeitsamt. Eine seltsame Pflicht. Genehmigt und ab ging es in den Süden, aber ohne mich vorab über die Reisebedingungen informiert zu haben.

In den 80er Jahren wurde das Schulgeld in Italien auf den Benzinpreis aufgeschlagen. Für Ausländer galt das jedoch nicht. Die Touristen mussten zuvor allerdings Tankgutscheine beim ADAC zum Beispiel oder anderen Stellen erwerben. Dies tat ich nicht aus Desinformation und zahlte somit 1,65 DM für den Liter Superbenzin in Italien. Hinzu kamen, die sehr hohen Mautgebühren für die Nutzung der Autobahnen.

In Ravenna, einer sauberen Nordstadt, fand ich Platz für einige Tage in einer Jugendherberge. Selbst mein Manta fand Platz auf dem gesicherten Grundstück der Unterkunft.

Zur Adria war es auch nicht so weit. Das Baden dort wurde extrem getrübt durch trübes Wasser.

Die Hotels leiteten ihr Abwasser dort direkt ein. Ende.

Von Ravenna aus ging die Reise weiter in Richtung Venedig. Auf Venedig-Festland suchte und buchte ich ein bezahlbares Zimmer mit Oberlicht-Fenster, ein weiteres war nicht vorhanden. Parkplatz direkt am Hotel.

Am nächsten Tag wollte mir das alte Venedig ansehen, das auf Holzstelzen erbaut wurde. Direkt am Parkplatz des Festlandes lagen kleinere Boote zur Überfahrt bereit. Für ein kleines Vermögen von 22 DM wurde ich übergesetzt. Es war mir damals nicht bekannt, dass auch öffentliche Transporte möglich waren. Eben noch ein Leben ohne Internet. Eine beeindruckende Stadt erwartete mich. Markusplatz, die tollen Fassaden, Mystik. Alles gewaltig, genauso wie die Preise der Restaurants. Den Verfall hätte ich so nicht erahnt. An fast allen Gebäuden bröckelte der Putz, die Kanäle rochen übel. Überall Katzen und Tauben plus deren Dreck.

Froh war ich dann wieder im Hotel zu sein.

Weiter fuhr ich nach Rom. Eine Karawane von Römern war auf dem Heimweg vom Meer. Stau, Stau, Stau. In Rom angekommen suchte ich ein Hotel. Die Preise waren extrem hoch in der Stadt. In einer ruhigen Seitenstraße traf ich auf ein altes Hotel zu einem annehmbaren Übernachtungsreis.

Rom. Der Wahn des Seins. Parken? Naja. Solch eine große Stadt hatte ich noch nie gesehen. Petersplatz, Petersdom, Kolosseum. Solche Menschenmassen. Alles überwältigend. Das Verkehrschaos, aus deutscher Sicht betrachtet, überforderte mich. Am Morgen darauf, also am 2. Tag, verließ ich das Hotel und verstaute meinen Koffer. Ein Blick durch die Heckscheibe, die Lautsprecherboxen waren weg. Der Manta war aufgebrochen worden. Seitenscheibe eingeschlagen, Radio und Boxen weg. Im Hotel zuckten die lieben Angestellten mit den Schultern. Tja, machen Sie eine Anzeige bei der Polizei. Keine Hilfe von dieser Seite. Eine polizeiliche Meldung machte ich nicht. Für mich war das Ende meiner Italienreise gekommen. Nur weg. Erst mal raus aus Rom Richtung Norden, ohne Seitenscheibe. Milano. In der Stadt war eine Opel-Werkstatt ansässig. Als ich dort eintraf war diese geschlossen. Die Nacht schlief ich im Auto aus Angst um mein Auto. Es wurde kalt in der Nacht. Am Morgen begrüßten mich sehr freundliche Monteure. Die Scheibe hatten sie nicht am Lager. Würde 3 Tage bis zur Lieferung dauern. Nein. Ich wollte nur noch nach Deutschland zurück. Die Opel-Leute verklebten mir die Öffnung mit starker Plastikfolie und Klebeband. „Das hält garantiert bis Deutschland", so die Aussage. Die Rechnung für die Notlösung betrug: 0 Lira.

Nord- und Rom-Italien unterscheiden sich massiv.
Von Milano rief ich meine Tante in Nürnberg an und verkündete mein Kommen. Im strömenden Regen fuhr ich über die Alpen. Mit Plastscheibe, die standhielt, erreichte ich das Schwabenland. Meine Tante hatte ihrem Golf den Stellplatz in ihrer Garage genommen, um Platz für einen Hamburger Notfall-Manta zu schaffen.

Wie in den 80ern nicht anders möglich, Internet war noch nicht verfügbar, durchsuchte ich das Telefonbuch und fand einen Ersatzteilhändler. Die Ersatzscheibe war auf Lager, wurde für 25 DM gekauft. Den Einbau erledigte ich mit dem Hausmeister der Wohnanlage von meiner Tante. Fertig. Ihr Golf zurück im Trockenen.

Der Manta wurde auf die Bahn nach Hamburg geschickt.

Fachabitur - 1984

Zurück in Hamburg wartete ein Brief auf mich. Ein Brief von der Berufsschule. Bereits im April hatte ich mich beworben um einen Platz zur Absolvierung des Fachabiturs im Baubereich. Sämtliche Unterlagen waren bereits eingereicht worden. Es kam damals eine Absage. Alle Klassen waren voll. Ich würde benachrichtigt, wenn Bewerber absagen.

Nun – in meinem Urlaub war es soweit gewesen.

Auf der Warteliste nachgerückt war ein Platz für mich frei geworden. Am nächsten Tag fuhr ich gleich zur Schule in Hamburg-Nettelnburg, um mich vorzustellen. Im Sekretariat erhielt ich meine Unterlagen. „Wann kann ich anfangen", fragte ich. „Sofort. Gehen Sie hoch in die Klasse" wurde mir entgegnet. „Habe aber keinerlei Schulsachen mit" mein Einwurf. „Das ist kein Problem" sagte die Sekretärin. Verblüfft suchte ich meine Klasse auf. Beim Eintritt stellte ich mich kurz vor. Es stand das Fach Physik auf dem Plan. Ein Platz ganz vorn wurde mir zugewiesen, ohne Tischnachbarn. „Wir schreiben heute eine Arbeit" erklärte der Lehrer. Für mich sollte sie als Übung bewertet werden, falls ich sie verhauen würde. Es war die Zeit der Vorbereitungswochen zum Auffrischen des Wissens aus vergangenen Schultagen und Feststellung des Wissensstandes. Ich erhielt einen Schreiber (Stift auf hamburgisch) und den Testbogen (Test = Arbeit auf westdeutsch). Mein ostdeutsches Wissen diktierte meinem Schreiber die richtigen Antworten. Eine „1" erhielt ich als Einziger der Klasse. Ohne Vorbereitung. Ich war auch schulisch angekommen in meiner neuen Welt. Das Fach Physik kennt keine deutsche Grenze.

Es handelte sich ja nicht um das Ost-Fach Staatsbürgerkunde. In dem Fach hätte ich versagt. So war ich fortan Schüler und verfügte über kein Einkommen mehr. Auf dem Amt meldete ich das an. Als Übersiedler, ohne Eltern im Westteil des Landes, erhielt ich BAFÖG, den doppelten Satz. Damit konnte ich meinen einfachen Lebensstil bestreiten. Mein Manta musste allerdings weg, hatte keinen Platz mehr in der Schulwelt. Kurz darauf verkaufte ich mein Traumstück auf dem Automarkt, dem Großmarkt Hamburg für magere 2000 DM. Es waren viele Interessenten vor Ort. Manta ja. Automatik nein. Ein Manta musste nun mal ein Schalter sein.

Die 12-Gang-Schaltung hatte dann mein Sportrad. Eine Errungenschaft, im Einkaufszentrum namens Wertkauf erworben zum Preis von 198 DM. Ein Stahlrad „Made in GDR". GDR=Ostdeutschland. Also hier landeten die Fahrräder, die man im Osten nie kaufen konnte. Mein Schalterrad funktionierte einwandfrei.

Das Fachabitur sollte in einem Jahr geschafft sein. Gelernt habe ich wenig dafür. Es musste nur ausreichen. Es waren viele schöne Monate mit neuen Leuten. Zur Klassenfahrt ging es nach Bayern. Hinterschmiding war das Ziel. Der Sportlehrer hatte das vorgeschlagen, gerechnet und organisiert. Mit eigenem Mietbus ging es los. Es war ein Dorf mit Postamt inklusive Geldautomat und einer Kneipe. Die Jugendherberge bestand aus mehreren Häusern. Alles war wunderbar, nur das Bier zu dünn, nach aller Meinung. Am nächsten Tag fuhren wir mit unserem „eigenen Bus". Wir hatten diesen für die Gesamtzeit gemietet, nach Passau zum Ski-Verleih. Dort wurden passende Schuhe und Ski ausgeliehen. Unser Bus-Bauch fasste alles. Am Nachmittag fuhren wir zum Ski-Gebiet, bestehend aus 3 Hängen. Nicht allzu groß. Ein Hang lag direkt an der Grenze zu Tschechien, damals CSSR.

Diesen Hang durfte ich nie befahren, aus Eigenschutz. Schilder am Fuße des Hanges warnten, hier Grenze,

Übertritt verboten. Wenn ich, als gesuchter Ostdeutscher, diese Grenze überfahren hätte, wäre ich wieder im russischen Teil Deutschlands gelandet, nach Rückführung durch die tschechischen Behörden.

In dieser Ausbildungszeit lernte ich meine zukünftige Frau kennen. Damals war sie für mich allerdings noch nicht erreichbar. Freundschaft ja, Beziehung nein.

Das Abiturjahr verging. Bestandene Prüfung.
Nun – wie weiter ?
Ein Studium war noch nicht oder niemals mein Ziel im Jahre 1985.

Millionärsträume

Um meinem Ziel, im Alter von 30 Jahren, Millionär zu werden, die Richtung zu geben, war nur die Selbständigkeit der Weg. Aber in welcher Art ? In Sachen Bau auf keinen Fall. Dieser Beruf war noch nie mein Wunschberuf gewesen – ein vom Ost-System aufgezwungener Werdegang.
Als meine eingesperrte Familie von meinem Nichtstudieren erfuhr, war ein Aufstand entbrannt. Warum kein Studium? Bauingenieur. Selbst mein Hamburger Lehrer wollte mich auf diesen Weg bringen.

Ich, mit meinen Kenntnissen der russischen Sprache, würde in diesem Bereich Karriere machen können. Russland sei die Zukunft der Bauwirtschaft. Die Zeit des Studiums schien mir zu lang. Auch die Branche interessierte mich kaum. Etwas zu studieren, das mir widerstrebt, kam nicht infrage.

Und Russland als Ziel sowieso nicht.

Neue Arbeit - 1985

Nach dem Abitur heuerte ich wieder bei meiner Lieblings-Firma aller Zeiten an. Mein Chef, der mir das „Du" angeboten hatte, behandelte mich wie seinen Ziehsohn. Er gab mir alle Freiheiten. Die Arbeitszeit konnte ich mir frei einteilen. Es waren permanent Sanierungsarbeiten an den Mehrfamilienhausblocks seines Vaters in Hamburg-Wandsbek auszuführen. Als Spätaufsteher, der ich bin, fing ich 8.00 Uhr an, arbeitete dann 10 Stunden mit nur einer Pause. Mein Chef zahlte gut. Sein Vater bewohnte eine Luxuswohnung am Leinpfad in Hamburg. Zum 50. Geburtstag seines Vaters war ich neben den beiden Hausangestellten mit den Vorbereitungen betraut. Möbel räumen, richten, säubern. Mein für mich größter und schönster Einsatz folgte am Tag darauf. Die Eltern von meinem Chef wollten verreisen. Ich durfte das Paar mit ihrem 500er Mercedes zum Flughafen Fuhlsbüttel fahren, für königliche Entlohnung. Noch nie hatte ich in solch einem Fahrzeug gesessen. Dieses selbst zu fahren, war ein Erlebnis. Das Vertrauen, das in mich gesetzt wurde, machte mich stolz, sehr stolz.

Der Vater von meinem Chef betrieb eine Baufirma in Hamburg. Nach dem Krieg errichtete er mit seiner Firma einen eigenen Komplex von Mehrfamilienhäusern. Diese mussten gewartet und behausmeistert werden.

Eines Tages trat mein Chef, nicht der Vater, an mich heran. Der gealterte Hausmeister hatte seine Frau verloren und dadurch auch seinen Lebensmut. Er war arbeitsunfähig vor Trauer. Mir wurde, als junger Mann von 21 Jahren, diese Stelle angeboten. Eine Lebensstelle mit kostenfreier Wohnung und 2000 DM Lohn. Vorerst nahm ich die Arbeit aushilfsweise und vorübergehend an. Sollte der langjährige Hausmeister wieder gesunden, bliebe ihm die Stelle erhalten.

Ich erhielt Schlüsselgewalt über die Häuser, auch über den Hausmeisterkeller. Was ich dort fand, war kaum glaubbar. Es war ein neues Buch, noch eingeschweißt. Der Titel „Fluchthilfe", geschrieben vom Autor Beese. Meine Meinung gilt bis heute: „Es gibt keine Zufälle. Gedachte Zufälle sind das Zusammenspiel von Kräften". Dieses Buch habe ich verschlungen. Die Handlung stellte eine Verbindung zu meiner eigenen Geschichte her. Sehr berührend. Die Arbeitszeiten waren angenehm. Zweimal in der Woche Hausmeistersprechstunde. Reparatur von typischen Mieter-Wehweh´chen. Kellerkontrolle. Die Müllräume aufschließen, Tonnen rausstellen. Das war allerdings sehr tagesfrüh. Aber nur eine Stunde Arbeitszeit. Dann fuhr ich wieder nach Hamburg-Bergedorf zurück. Nochmal schlafen. Erst mittags wieder nach HH-Wandsbek zurück, Müllräume fegen und Tonnen reinholen. Der Tag wurde vollbezahlt plus Benzinkosten. Mit voller Freiheit konnte ich die Arbeiten erledigen.

Beispielsweise mussten kleine Fliesenreparaturen ausgeführt werden. So war ich vor Ort bei dem anzeigenden Mieter, schlug mir eine Musterecke der alten Fliese heraus, einer Fliese aus Boizenburg (Deutschland Ost). Dieses Material wurde in westdeutschen Sozialbauten sehr oft verwendet.

Mit dieser Ecke fuhr ich zu „Harry´s" Fliesenmarkt in HH-Altona. Ersatz kaufen. Vier Fliesen verlegen. Feierabend.

Meine gehasste, unvorstellbare Arbeit hatte ich in einem Hochhaus verrichtet. Im Tiefkeller befand sich ein Müllraum mit Tonnen. Das Haus verfügte über einen Müllschacht. Dort konnten die Mieter aus jeder Etage ihren Müll einwerfen. Dieser verdichtete sich im Schacht.

Im Keller gab es einen Senkrecht-Schieber aus Stahl. Den Schieber musste ich noch oben bewegen. Der Müll kam mir dann entgegen. Mit der Schaufel habe ich danach den Hausmüll unter Extrem-Gestank in die Tonnen befördert. Diese Arbeit war mir sehr unangenehm und peinlich. Somit verschloss ich die Kellertür. Mietern wollte ich bei dieser Arbeit nicht begegnen. Permanent klopften Hausmieter an der Tür. Aber nein, eine Öffnung dieser heiligen Tür erfolgte nur nach erfolgter Befreiung von dem Müll.

Die gefüllten Tonnen wurden dann über einen elektrischen Müllaufzug auf die Höhe der Straße befördert Wie ein Architekt solch eine Müllentsorgung planen konnte, habe ich nie verstanden.

Nun kam der voraussehbare Tag. Der alte Hausmeister war in Vorruhehestand gegangen. Meine Entscheidung sollte nun fallen. Nach mehrtätigem Überlegen, auch nächtelang, habe ich mich dagegen entschieden. Es wäre eine sichere, lebenslange Stelle gewesen, jedoch finanziell mit einer Obergrenze.
Mein für mich erklärtes Ziel, das Millionenziel, konnte so nicht erreicht werden, nicht im Angestelltenverhältnis.
Somit lehnte ich ab.
Mein Chef war sichtlich enttäuscht.

Messe Neumünster – 1985

Das neue Geschäftsfeld der Ehefrau meines Chefs war der Vertrieb von Gartenprodukten aus weißem Beton, Putten, Bänke, Brunnen, Balustraden.

Als der Mann für Alles lieferte ich die Ware an die Kunden in ganz Norddeutschland aus. Die Bänke wurden von mir aufgestellt und die Fugen mit Dyckerhoff-Weiß-Zement verfüllt. Eine Patina-Farbe, die ich auftrug, bildete den feinen Edel-Abschluss. Das Produkt erhielt dadurch ein Aussehen wie aus Zeiten der letzten Jahrhunderte.

Meine Chef-Familie gönnte sich einen Urlaub in Südamerika. Genau in dieser Zeit stand eine Gartenmesse in Neumünster an. Unsere Firma wollte dort die Betonprodukte ausstellen und vertreiben.

Mit dem Firmenrenault und einem Anhänger mit zwei Tonnen Zuladung wurden die Ausstellungsstücke zum Ausstellungsgelände gebracht.

Den Stand richteten mein Chef und ich noch vor seiner Reise gemeinsam ein. Eine Woche Messe lag vor mir. Einen Aussenstand im Freien auf Kunstrasenteppich hatte ich zu betreuen und zu verwalten. Mein Chef verabschiedete sich in den Urlaub nach Chile. Ich war völlig frei in meinen Entscheidungen, aber auf mich allein gestellt.

Jeden Tag fuhr ich mit dem Dienst-Renault die Strecke HH-Bergedorf-Neumünster. Es herrschte feuchtes Wetter. Das Laub verteilte sich auf dem Messegelände. Vor Messeöffnung musste ich unseren Stand von diesem befreien, mittels eines Zimmerstaubsaugers. Am dritten Messetag versagte er seinen Dienst. Es gab Kurzschluss am Stand. Er war halt kein Nasssauger. Ich kaufte ein neues taugliches Gerät. Die 12-Stunden-Tage vergingen stressig wie im Flug. Jeden Tag musste ich Ware nachliefern. Ein Transport von bis zu 2 Tonnen mit einem Zugfahrzeug Renault 11, eigentlich unzulässig. Mit letzter Antriebskraft erreichte ich Neumünster. Der Franzose wollte nicht mehr ziehen. In der Nähe brachte ich den R11 in die Werkstatt.

Am Abend erfuhr ich, die Antriebswelle sei defekt. Reparatur nicht sofort möglich. Reparaturauftrag trotzdem erteilt, auf meinen Namen. Rückfahrt per Zug. Am nächsten Morgen mietete ich ein Fahrzeug beim Vermieter Bargstädt in Bergedorf, auf meinen Namen. Alles im Sinne der Firma.

In Neumünster ging die Messe zu Ende, der Renault war wieder fit, die Rechnung hatte ich selbst beglichen, mit meiner Kreditkarte. Nach dem Abbau des Messestandes wurde Neumünster eine weitere Geschichte, war zur Geschichte geworden.

Freie Selbständigkeit - 1985

Meine Gedanken um eine Selbständigkeit wurden intensiver. Nur welche Branche, die Frage? Ein Kinderrestaurant war mein Traum. Es sollten nur angeboten werden, was Kinder mögen. Die Wünsche der Erwachsenen sollten außen vor bleiben. Kindgerechte Bestuhlung mit Elternbereich. Dort wollte ich Kindergeburtstage ausrichten. Riesenspielplatz erschaffen. Die Planung begann. In Zeiten des Nochnichtinternets war es schwierig, Angebote für Spielgeräte einzuholen. Die „Gelben Seiten" und viele Zeitungen wurden durchforstet. Angebote für Läden und Grundstücke, Einrichtungen wurden gesucht. Es war langwierig und mit viel Zeit und Fahrerei verbunden.
MC Donalds bot ja Ähnliches an. Ich wollte es anders machen. Nicht nur Fastfood und blabla. Auch deutsches Kinderessen. Mega-Spielplatz. Geplant, gerechnet und verglichen. Die Kalkulationen hatten Erhebliches ergeben. Für meine finanziellen Möglichkeiten war das Vorhaben nicht umsetzbar. Es war einfach gedacht, eine Idee. Zusammen mit erster Miete, Kaution und der Einrichtung hatte ich 115.000 DM errechnet. Dann wäre das Kinderrestaurant erst einmal eröffnet, ohne betrieben worden zu sein. Diese 2 Monate Überlegungen und Planungen waren eine Erfahrung mit Ausgang „Null".

Pass – 1985

Die Trennung von meiner Familie zehrte an mir. Meine Brüder und meine Eltern fehlten mir sehr. Ich fühlte mich allein, allein mit meinem Westdeutschland. Es gab viel Neues, Neues zu sehen und zu erleben. Aber es fehlte die Wärme der Familie.
Erwachsen war ich geworden, auf einen Schlag, in einer Nacht, der Nacht der Flucht.

Zwei Jahre waren vergangen seither. Meine Gedanken beschäftigten sich immer und immer wieder mit einem Familientreffen. Da ich vom ostdeutschen Unrechtssystem in Abwesenheit zu 6 Jahren Haft verurteilt worden war, mit dem Grund: Republik- und Fahnenflucht, konnte ich nicht in die sozialistisch regierten Staaten einreisen. Auch das Ziel des russischen Teils Deutschlands hätte zwangsläufig zum Entzug meiner Freiheit geführt. In den anderen Ostblock-Staaten war das Risiko kaum minder.

EIN STAAT KANN NIE EIGENTÜMER EINES MENSCHEN WERDEN.

Als Person mit meinen eigenen Papieren konnte und würde ich nicht einreisen können, ohne in die Fänge der Staatssicherheitsdienste zu geraten. Ein gefälschter Pass könnte eine Lösung sein. Eventuell auf Hamburgs St. Pauli-Meile gekauft. „Aber wie komme ich mit den entsprechenden Leuten im Milieu zusammen?" Ein schwieriges Problem. Kein Plan. Wie fange ich an? Wo fange ich an? Wen spreche ich an?

Auf der Reeperbahn? Holstenstraße?

Nach Wochen des Abwägens und Nachdenkens verwarf ich diesen Plan. Es würde höchstwahrscheinlich ein gestohlener Pass sein, der mich erwartet, dann gefälscht mit meinem Foto. Für jeden Scanner würde die Fälschung sichtbar sein. Ein anderes Risiko, die hohe Kaufsumme könnte einfach im Rotlichtviertel versickern, ohne dass ich je einen Pass in den Händen hielt. Mit wem hätte ich mich wohl eingelassen Mit Hoch-Kriminellen. Nein, so nicht.

Eines Nachts kam mir die Traumgebung: „Ich melde mich ein 2. Mal als Übersiedler an, unter anderem Namen". Gedacht und überlegt, getan.

Am nächsten Tag durchschaute ich meine alten Unterlagen. Die Zeilen in meinem Ostausweis skizzierte ich nach. Es waren feine Zeilen, auf die die Namen mit Schreibmaschine verewigt wurden. Mit meiner „Erika", das Schreibgerät Ost, tippelte ich die neuen Namen auf das vorbereitete Linienblatt. Als das Papier meine Zufriedenheit fand, wurde es saubergenau ausgeschnitten und in das alte Dokument eingeklebt.

Im Notaufnahmelager Berlin-Marienfelde wurde mir seinerzeit ein Notaufnahmeschein ausgestellt für die weitere Reise in meine Zukunft.

Auch dieses Blatt versah ich mit meinem neuen Namensaufkleber. Mit beiden Teilen suchte ich einen guten Kopierladen auf. Der Kopierer musste in der Helligkeit verstellbar sein. Geänderter Aufnahmeschein und Ex-Ausweis wurde so oft kopiert bis alles perfekt aussah und keine Klebestellen und Kanten mehr sichtbar waren. Mit diesen Kopien habe ich mich beim Bergedorfer Einwohnermeldeamt als neuer Flüchtling angemeldet.

Aktuelle Passbilder hatte ich dabei.

Der Mitarbeiter verschwand unerträglich lange im Hinterzimmer. Ein Scheitern war in meinen Gedanken.

In den 80´er Jahren wurden ja die Ausweise noch direkt im Amt ausgestellt.

Ja, ich erhielt meinen 2. Ausweis. Die Unterschrift hatte ich x-mal geübt. Ich hielt dann einen Original-Personalausweis in meinen Händen. Das war der wichtigste Schritt für meine Reise mit Ziel Familie.

Eine Woche später besuchte ich wieder das Amt. Mit meinem neuen Personalausweis beantragte ich einen Reisepass. Dieser wurde mir problemlos ausgestellt, allerdings nur mit einer Gültigkeit von einem halben Jahr. Das war sehr verwunderlich für mich. Die gängige Gültigkeit betrug, wenn meine Erinnerung nicht trügt, fünf Jahre. Jetzt hielt ich einen echten westdeutschen Reisepass in den Händen.

Mit diesem Traumdokument buchte ich eine 4-Tage-Flugreise nach Prag. Dort wollte ich mich mit meiner Familie treffen. Die Buchung bei einem Reisebüro empfand ich als den sichersten Weg.

Als mir die Reisedaten nebst Hotel bekannt waren, informierte ich meine Familie. Wir hatten einen Code vereinbart. Ein fiktives Datum legten beide Familienteile fest. Nun wurde von mir auf eine Postkarte oder im Brief eine Zahl geschrieben. Das bedeutete – Festdatum + Zahl ergibt den Tag des Treffens. Der Hotelname war bereits übermittelt worden, ein Ost-West-Hotel, bedeutet russisch beherrschte und freie Menschen durften dort nebeneinander nächtigen. Eigentlich undenkbar diese Nähe von Ost und West. Meine Familie buchte im gleichen Hotel. Meine Einreise und Ausreise verliefen problemlos. Wir verlebten und überlebten die ersten Wiedersehenstage nach meiner Flucht. Ein Traum.

Den Reisepass hatte ich nach dem halben Jahr verlängern lassen, auf 5 Jahre Gültigkeit.

Autovermietung 1986

Durch die Arbeit bei meinem Lieblingschef sammelte sich ein kleines Vermögen an: 20.000 DM.

Ein Opel Kadett sollte mein 2. Fahrzeug in meinem neuen Leben werden. Der Preis war ein guter, 4.600 DM für ein 3 Jahre altes Auto war okay für mich. Überlegt, gekauft bei einem Tankstellenwirt in Hamburg-Harburg. Das Fahrzeug war vom Verkäufer nachlackiert worden, also ein Unfallwagen, was ich erst später feststellte.

In 1. Hand war eine Autovermietung eingetragen. Der Opel fuhr gut, verbrauchte jedoch sehr viel Motoröl. Für mich selbst empfand ich das nicht als Problem. Als Nichtkenner hatte ich kein Wissen über Motoren. Er fuhr ja gut, der Kadett. Ein Vernunftfahrzeug mit geringem Verbrauch und kleiner Versicherungsprämie.

Die Selbständigkeit ging mir nicht mehr aus dem Kopf. Sie musste kommen, ein Weg musste her. Ein Blitzgedanke brachte für mich die Lösung. Die Gründung einer Autovermietung. Im Februar ´86 meldete ich mein Gewerbe an, ohne weitere Kenntnisse über diese Branche. Eine Autovermietung in der 4. Etage war wohl einmalig und diese in meiner Sozialwohnung. Alles kein Problem. Diese Art eines Unternehmens ist genehmigungsfrei.

Das eine Zimmer meiner Wohnung wurde nun zwischen 9 und 18 Uhr zum Büro umfunktioniert. Die Klappcouch, auf der ich schlief, zum Inventar. Dieses Sofa war bereits 30 Jahre alt.

Gut sah es aus, für meinen damaligen Blick.

Im Anzeigenblatt „AVIS" schaltete ich meine Firmenwerbung. Die Rubrik Autovermietung wurde für mich extra neu geschaffen.

Alle Anzeigen dort waren zu diesem Zeitpunkt noch kostenlos.

Versteckte Kosten mochte ich noch nie. So gaben meine Anzeigen über alles Aufschluss, Endpreise mit genauen Versicherungsbedingungen.

Nun, als Autovermieter, mit einem Fahrzeug, wartete ich auf Anrufe. Ich lag auf der Couch. Zwei Tage hatte es gedauert nach der Anzeigenschaltung. Dann, der erste Auftrag, gleich für 1 Woche Mietdauer. Das Fahrzeug vermietete ich an einen Iraner. Das Telefon klingelte dann mehrmals am Tag. Der Iraner verlängerte die Mietzeit um weitere zwei Wochen.

Wegen der hohen Nachfrage wollte und musste ich ein Zweitfahrzeug anschaffen. Im Anzeigenblatt entdeckte ich die Firma mit Namen Euroimport, ansässig im Norden von Hamburg. Dieser Autohandel bot Neuwagen an, zu sehr günstigen Preisen, mit deutscher Vollgarantie.

Ein Opel Kadett 1,3 mit Grundausstattung sollte 14.000 DM kosten. Unvorstellbar günstig. Mit meinem Ersparten fuhr ich nach Hamburg-Langenhorn, im besten Zwirn, mit weißen Lackschuhen, Thermomantel. Ich sah sicher peinlich aus. Dort kaufte ich dieses rote Teil. Mein ganzer Stolz nun, ein so gut riechendes Fahrzeug – ohne Radio allerdings. Den Preis dafür wollte ich sparen.

Nun hatte ich eine Vermietung mit zwei Autos. 100 % Steigerung. Die Anrufe nahmen zu. Meine Preise waren top. Mein iranischer Mieter verlängerte die Mietzeit weiter, also war nur der Neue frei verfügbar. Die Mietwagen lieferte ich, auf Wunsch, gegen Aufpreis in ganz Hamburg aus. Mir fiel bei diesen Fahrten oftmals die Firma Opel Bleck auf. „Ach, schaust mal rein und fragst nach Leasingfahrzeugen" dachte ich. Sehr freundlich wurde ich bedient. Da ich noch keine Bilanzen vorweisen konnte, wurde mir offeriert, dass ich fast die ganze Jahresmiete für ein Fahrzeug als Leasingsonderzahlung im Vorwege leisten müsse. Dadurch wäre die Vertragsschaffung kein Problem. Der Kfz-Brief meines bar gekauften Opel Kadett wurde als Sicherheit hinterlegt. 3 neue Opel Corsa ließen den Fuhrpark auf 5 Fahrzeuge anwachsen.

Die geforderte Erstzahlung für die 3 Corsa betrug 10.500 DM gesamt, die Rate betrug dann 35 DM monatlich pro Fahrzeug.

Mit den Geschäftszahlen war ich zufrieden.

Den Auto-Mietvertrag entwarf ich selbst, nebst Geschäftsbedingungen. Ich arbeitete mit Kopien davon. Ständig wurden die Bedingungen weiter verändert, je nach Erfahrungszuwachs aus der Vermietung selbst.

Ein Dauermieter, der Inhaber einer Firma „Holz- und Bautenschutz", verlängerte den Mietvertrag permanent. Alles verlief korrekt bis zu dem Tag, als die Verlängerungszahlung mit Scheck geleistet wurde.

Dieser Scheck war nicht gedeckt. Der Mieter war seitdem unerreichbar, das Auto verschwunden. Nach zwei Wochen wollte ich den Mieter anzeigen wegen Diebstahls. „Es wäre kein Diebstahl" wurde mir erklärt. Hier handele es sich um „Unterschlagung".

Ein neues Wort für mich.

Ich habe ja im Vertrauen dem Mieter die Fahrzeugschlüssel und –papiere ausgehändigt. Dieser hatte seine Vertragsverpflichtungen verletzt und mir das Fahrzeug nicht zurückgegeben. In solch einem Fall zahlt die Versicherung nicht.

Privatrechtlich könnte ich gegen den Mieter vorgehen. Strafrechtlich ermittelte die Staatsanwaltschaft gegen den Unterschlager. Erst nach 9 Monaten wurde das Fahrzeug von der Polizei sichergestellt, mit 35 Tausend Kilometer mehr Laufleistung. Die Bremsen liefen Metall auf Metall. Die Hauptsache war, dass das Fahrzeug sich wieder in meinem Verfügungsbereich befand. Was aus dem Mieter wurde, ist mir nicht bekannt.

Meine Forderung konnte ich nicht durchsetzen, da der Täter unbekannt verzogen war. Eine schmerzliche Erfahrung für mich, als Neuvermieter.

Aber der 2. Opel war endlich wieder da.

Der hohe Ölverbrauch meines 1. Opel, dem Vernunft-Kadett, führte zum Motoraus. Ein Mieter hatte den Ölstand nicht ständig im Auge behalten, wäre ja auch nicht seine Pflicht gewesen. Der Motor lief trocken.

Repariert hatte das Fahrzeug ein früherer Hamburger Kollege, ein gebürtiger Ungare. Danach folgte der sofortige Verkauf. Für die Autovermietung war das Fahrzeug nicht mehr geeignet. Nur Neufahrzeuge geben technische Sicherheit.

Ungarnreise - 1986

Im Sommer wollten wir ein Großtreffen der Familie in Ungarn organisieren.

Mit meinem Superpass buchte ich ein Ferienhaus von Hamburg aus für die gesamte Familie. Da es zu gewagt war, mit einem auf mich zugelassenen Fahrzeug einzureisen, wählte ich den Zug. Mit meiner Hamburger Cousine fuhren wir von Hamburg aus über Wien und Budapest an den Balaton, Ort Balatonfüred. Vom Hauptbahnhof Budapest mussten wir uns zu einem anderen Bahnhof der Hauptstadt begeben. Da wir im Zug noch kein ungarisches Geld getauscht hatten, konnten wir die S-Bahn bis dorthin nicht sofort nutzen. An der Umtauschstelle erwartete uns eine riesige Schlange an Wartenden. Somit verpassten wir den nächsten Regionalzug in Richtung Seebad Füred.

Meiner Familie war der Tag unserer Ankunft bekannt, jedoch nicht die Uhrzeit. Eine Familienwache wechselte sich am Bahnhof ab, wartete den ganzen Tag auf die Ankunft der Züge aus Budapest. Wir erwischten den letzten Zug Richtung See.

Auch meine Familie aus Güstrow war gekommen, mit meiner Oma. Die letzte Familien-Warteschicht hatte mein Onkel übernommen. Meine Oma war im Quartier verblieben. Glücksbegrüßung.

Eine Familienzusammenführung im Urlaub. Es war ein schöner Weitergang des Tages. Wir fuhren zur Wohnung meines Onkels. Sektempfang. Das Wiedersehen war unbeschreiblich schön.

Meine Leipziger Familie hatte ja bisher kein Quartier und wartete auf mich. Wir holten die Schlüssel des Ferienhauses. Es war eine einfache Unterkunft, aber in Fußnähe zum Balaton. Den Abend verlebten wir in einer Czarda in den Bergen, mit Namen Tölgyfa.

Ein, zwei Tage später kam mein Onkel mit Familie aus Westberlin dazu. Schöne gemeinsame Urlaubstage verlebten wir. Meine Hamburger Cousine wollte vorzeitig zurück nach Hamburg fahren wegen eines kleinen Familienstreites. Allein zurückfahren war nicht mein Ding. Im Mercedes meines Onkels war noch ein Platz frei.

Er bot mir an, mich mitzunehmen. Die ungarisch-österreichische Grenze wurde problemlos passiert.

Kombi - 1987

Ein Jahr später war die Anzahl an Fahrzeugen bereits auf 8 gestiegen. Die Palette wurde durch einen 4-türigen Kadett Kombi gekrönt. Alle meine Flottenfahrzeuge hatten eine Farbe, dunkelrot. Mit diesem Kombi fuhr ich das erste Mal per Auto nach Ungarn zum deutschen Treffen der Familien. Meine neue Hamburger Freundin und deren Tochter waren mit an Bord. Sie waren noch nie zuvor in Ungarn gewesen. Ich schwärmte im Vorwege von dem dortigen Plattensee und dem schönen Wetter. Eine Regenwoche durchlebten wir, leider.

Bus - 1988

Im 3. Jahr meiner Selbständigkeit folgte die Aufstockung auf 12 Fahrzeuge. Mein erster VW-Bus, ein Neunsitzer war mein Lieblingsauto geworden. Der Benziner mit

Heckmotor fuhr sich phantastisch. Die hinteren Sitzbänke konnte man ausbauen. So ließ sich der Bus, Modell T3, auch als Transporter vermieten. Diese Kombination erwies sich als absoluter Renner, finanziell gesehen.

Busse – 1989

Die Masse an Kundenanfragen konnte ich kaum noch befriedigen. Drei weitere Busse wurden im Wendejahr ´89 angeschafft, diesmal in der Farbe Grau.

Bisher hatte ich nur meinen Freund als Aushilfe beschäftigt, für die Zeit meiner Kurzurlaube. Alles andere erledigte ich selbst.

Eine Extremaufgabe war das für mich allein.

Auch meine kleine Familie forderte ihre Zeit.

Meine 1-Zimmerwohnung war bereits ausschließlich zum Büro geworden. Eine neu gemietete 3-Zimmerwohnung im Nachbarhaus wurde unser Familienheim.

Selbst mein letztes Auto wurde vermietet. Ich fuhr dann selbst mit dem Rad. Ohne Angestellte war das Büro unbesetzt in der Zeit meiner Fahrzeugauslieferungen. Ein fester Mitarbeiter war damals noch zu teuer für meine Firma. Alle Termine wurden telefonisch gemacht. Klingelkunden gab es nicht. Das Neueste auf dem Markt waren transportable Funktelefone, fast 5 kg schwer, mit eigener Rufnummer. Ein Phillips Porti sollte es werden zum Kaufpreis von 9.500 DM.

Das war die Lösung für mich. Per Leasing war es bezahlbar. Mein neuer Mithelfer, sozusagen, war einer von Phillips. Solch ein Gerät kannte noch niemand in meinem Freundeskreis. Überall war es anwesend. Selbst im Fahrradkorb hatte es seinen Platz, auch am Wochenende in Richtung See. Ich war dadurch immer erreichbar.

Bruderflucht - 1989

Im Sommer ´89 trafen wir uns alle wieder in Ungarn. Mein mittlerer Bruder war mit seiner Freundin gekommen.
Beide wollten über die Grenze nach Österreich flüchten.

Wir fuhren zusammen in den letzten frei zugänglichen Ort in Grenznähe. Im Schutze der Dunkelheit wollten sie über das Feld laufen, Richtung Freiheit. Wir standen dort in der absoluten Dunkelheit und sahen auf das Feld Richtung Westen. Es war den Beiden dann aber doch zu gefährlich und wir kehrten um, fuhren zum Plattensee zurück, in unsere Quartiere.
Am nächsten Tag fassten wir einen neuen Plan. Im Kofferraum meines Autos wollte ich sie über die Grenze bringen. Die Freundin meines Bruders stieg in den Kofferraum und bekam Platzangst.

Auch diese Idee erfuhr also keine Umsetzung.

Die politische Lage in Ungarn war in einer spürbaren Umbruchsphase. Mein neuer Plan wurde nun Wirklichkeit. Wir drei fuhren direkt zum Grenzübergang. Gedacht, getan. Dort angekommen reichte ich den Grenzern unsere Personaldokumente aus dem Fenster, 2x Ost plus 1x West.

„Bitte hier auf den Nebenstreifen fahren" war die Antwort des Grenzers. „So geht das nicht mit der Ausreise. Wenden Sie sich bitte an die deutsche Botschaft in Budapest" wurde entgegnet. Unbehelligt verließen wir die Grenzstation und fuhren zurück an den Balaton. Wir Brüder, wieder in unseren deutschen Teilen, zu Hause angekommen, dachten nur an die Möglichkeiten einer Fluchtmöglichkeit. Mein mittlerer Bruder beantragte wiederum Visa für Ungarn und erhielt sie auch. Genau in dieser Zeit ihrer Reise fiel der eiserne Vorhang. Die Ungaren öffneten die unmenschlichen Grenzzäune und mein Bruder mit seiner Freundin und seinem PKW, auch einem Renault R4, konnten nach Österreich ausreisen.

Von dort riefen sie mich dann an.

Wir waren so glücklich und aufgeregt. Weiter fuhren sie nach Passau in das dortige Notaufnahmelager. Nach der Registrierung telefonierten wir erneut. Aus meiner Erfahrung wusste ich ja, dass man als Ostdeutscher, uneingeschränkt, die gleichen Rechte genießt, wie die

Westgermanen. „Lieber Bruder" sagte ich, kommt nach Hamburg. Niemand kann Euch zwingen im Lager zu verbleiben. Okay, beide fuhren los. Eine Ewigkeit dauerte die Brüdervereinigung. Ein R4 ist eben kein Sprintfahrzeug. Maximaler Schub 140 km/h. Was war das für eine Wiedersehensfreude in der Freiheit.

Nun wurde meine Ein-Zimmer-Sozial-Wohnung einer 3. Nutzung zugeführt. Sie wurde zu einer Flüchtlingsaufnahmestelle. Für meine beiden Leipziger räumte ich die Wohnzimmercouch. Ich selber zog auf den Flur, bettete mich auf eine Matratze auf dem Boden. Kurze ZusatzInfo: bedingt durch die Trennung von meiner Freundin war ich bereits im August des Jahres wieder in meine kleine „Büro-Wohnung" gezogen, unmittelbar nach meinem Sommerurlaub.

Am selben Abend fuhren wir zum Griechen. Im Ostteil des Landes gab es kein griechisches Restaurant.

Der freie griechische Wein floss.

Neubürger - 1989

Für meinen Bruder und seine Freundin begann der Weg auf der Behördenstraße. Meldung auf dem Amt. Ihre neuen Ausweise wurden sofort ausgestellt. Als Wohnungsmieter und damals plötzlich zum Vermieter geworden, unterschrieb ich die Vermieterbescheinigung.

So konnten sich die Beiden auf meine Adresse anmelden und waren Blitz-Hamburger geworden. Seine Freundin meldete sich arbeitslos. Meinem Bruder bot ich an, brudergemeinsam die Autovermietung zu betreiben. Die Fahrzeugflotte war ja bereits auf 12 Fahrzeuge angewachsen. Diese war ertragsstark genug, um 2 Gehälter zu erwirtschaften. Ich machte ihm den Vorschlag, für mich als Selbständiger zu arbeiten und mir seine Arbeit in Rechnung zu stellen. Er machte sich selbständig im Bereich Autoservice. Es ging alles ziemlich schnell. Bruders Freundin fand als Krankenschwester kurz darauf eine Anstellung, mit sehr gutem Gehalt.

Als die Hausverantwortliche erfuhr, dass ich in meiner Einzimmerwohnung ohne Genehmigung zwei weitere Personen beherbergte, gab es Ärger. Dafür sei die Wohnung nicht ausgelegt. Die Beiden sollten sich unverzüglich auf dem Wohnungsamt melden. Getan. Dort erhielten sie den Status „Notfall". Sie wurden Not-Mitglieder in der Bille-Baugenossenschaft. Die begehrten und hoch gehandelten Genossenschaftsanteile wurden ihnen zugeteilt. Das sorgte für Unmut bei den Hamburgern, sobald man diesen Umstand erwähnte. Nun, als Genossenschaftsmitglieder hatten sie einen Notfallanspruch auf eine Wohnung. Wegen der Übersiedlung von Ostdeutschen in der erheblichen Zahl, wurden eilends Wohnungen geschaffen. Zum Beispiel wurden Trockenböden zu Wohnungen umgebaut. Genau solch eine Wohnung wurde meinem Bruder mit Freundin angeboten. Das Engeproblem in meiner Wohnung war dadurch gelöst worden.

Amnestie - 1989

Unter Erich Honecker, dem erklärten Ostpräsidenten, wurde eine Generalamnestie für die nach dem Westen geflüchteten Ostbürger erlassen. Anlässlich des 40. Jahrestages der Gründung und Festschreibung des Oststaates wurde dieser Bescheid erlassen. So konnte ich wieder mit eigenem Pass nach Ostdeutschland reisen. In der Vorwendezeit im Herbst´89 fuhr ich daraufhin mehrmals nach Leipzig und nahm an den Montagsdemonstrationen teil.
Es war überwältigend in solch einem Menschenstrom mit zu demonstrieren.

Am Abend des 9. November besuchte ich meine neue Freundin in Hamburg-Wandsbek. Wir schauten fern. Ein Wortband wurde am unteren Bildrand eingespielt. Die Grenzen sollten geöffnet worden sein.
Wir konnten es kaum glauben.

Schnell verabschiedete ich mich von ihr mit den Worten: „Ich fahre nach Berlin". Mit 80 km/h raste ich von Wandsbek nach Bergedorf. Es war später Abend, 22.30 Uhr. Nach mehreren Versuchen erreichte ich meine Mutter in Leipzig. „Mama, die Grenzen sind offen", hastete ich in den Hörer. Sie konnte es nicht glauben, schaltete den Fernseher ein. In der ARD, dem einzigen empfangbaren Westsender in meinem Elternhaus, dann die Gewissheit. Wir verabredeten uns für den nächsten Morgen am Grenzübergang Bornholmer Brücke. Meine Mutter wollte mit meinem jüngsten, in Leipzig verbliebenem, Bruder kommen, ohne meinen Vater. Dieser wollte pflichtbewusst am nächsten Morgen seinem Dienst nachgehen.

Noch in der Leipziger Stadt sammelte meine Mutter einen Freund meines Bruders ein. Zu dritt starteten sie in Richtung Berlin, bewaffnet mit einem Stadtplan der Stadt. Die Straßen in ostdeutschen Stadt- und Landplänen endeten an der Grenze zum Westen. Außer den Flüssen waren keine Angaben zu finden. Die Westflächen waren im schlichten Grau gehalten. Keine Detail-Angaben. So konnte meine Mutter sich auf diesen Plan nicht stützen, zumindest nicht im Westteil der Stadt.

Mit meinem neuen Kadett-Cabrio, einem Traum in Weiß, fuhr ich zur Wohnung meines Bruders. Eine Klingel gab es dort noch nicht. Ich warf mit Steinchen an die Fenster im Dachgeschoss. Mein Bruder öffnete das Fenster, „Was ist dann los" fragte er. „Die Grenzen sind offen" rief ich zu ihm hoch. Wir wollten uns treffen in West-Berlin mit Mama und Bruder. Schnell packten sie ihre Sachen.

Am Grenzübergang Gudow fragten uns die Ost-Grenzer: „Was ist denn da los? Was gibt es denn so Wichtiges in West-Berlin? Ein Verkehr heute Nacht" Wir: „Na die Mauer ist gefallen".

Der Eingeschworene hatte wohl von dem Zusammenbruch seines bisherigen Berufslebens noch nichts erfahren.

Auch wir mussten den Grenzübergang an der Bornholmer Straße suchen. Navigationsgeräte waren noch nicht auf dem Markt. Mit Hilfe meines Berlin-Planes von 1983 fanden wir unseren Treffpunkt. Es waren so viele Menschen und menschliche Szenen zu sehen. Eine Wiedervereinigung unseres Volkes. Sekt floss überall, Stadtpläne wurden verteilt, Sonderbusse fuhren bis an die Grenze, für alle kostenlos. Das große Volksfest war kaum fassbar. Wunderschön.

Wir trafen unsere Leipziger Familie. Wiedervereinigung auch dort. So eine Freude, so ein Glück.

Die drei Brüder vereint mit unserer Mutter.

Keiner wusste, ob die Grenze offen bleiben würde. Diese neue Freiheit lebten wir im Moment und feierten an der Grenze.

Zum Italiener lud ich später auf Pizza ein, für jeden eine natürlich. Ein Genuss für alle. In Leipzig gab es nur ein italienisches Restaurant, im Hotel Merkur.

Es war zweigeteilt. Die eine überfüllte Hälfte war für Gäste mit der Zahlungsmethode „Blechmark" vorgesehen. Im mäßig besuchten anderen Teil wurden nur westliche Währungen zur Zahlung akzeptiert.

Gemeinsam fassten wir den Beschluss, unseren Onkel, bei dem ich 1983 Aufnahme fand, in Berlin-Marienfelde zu besuchen. Das Familientreffen wurde immer größer. Auch meine Freundin aus Hamburg kam am Abend nach. Die Westberliner richteten alles für die Übernachtung in ihrem 3-stöckigen Haus her. Wir sollten alle bleiben. Mein Onkel kaufte für alle Zahnbürsten. Die Wiedersehensfeier vom 10.11. bleibt bis heute unvergessen.

Mein jüngster Bruder und sein Freund fuhren am Abend nochmal los, den Westteil erleben. Der Ostberliner Stadtplan war weiter an Bord. Mit dem roten Lada meiner Mutter erkundeten sie das Neue. Sie durchstreiften die Stadt. Die Angst fuhr mit, die Angst sich nicht zurecht- und zurückzufinden. Nach Stunden fanden sie wieder zurück nach Berlin-Marienfelde.

Auf die Idee, ihnen meinen 83er Stadtplan mitzugeben, kam ich einfach nicht.

Am nächsten Tag strebten wir unsere Städte an, Richtung Norden und Süden. Meinen jüngsten Bruder wollten wir mit nach Hamburg nehmen. An der Grenze musste er unser Westfahrzeug verlassen. „Ein Bürger der DDR darf die Grenze nicht in einem Westfahrzeug passieren.", so der Grenzer. Kurz um, mein Bruder stieg aus und ging zu Fuß über die Grenze. Nach der Grenze nahmen wir ihn wieder auf in unseren West-Opel. Wir genossen einige gemeinsame Hamburger Brudertage. Der Renault meines Fluchtbruders stand ja noch in Hamburg, mit Leipziger Kennzeichen. Mit diesem fuhr der jüngste Bruder später wieder gen Osten.

Die Festtage zum Jahresende ´89 verlebten wir alle gemeinsam in Leipzig. Die Stadt war im Wandel.
Anfang 1990

Rings um die Blechbüchse herum, so genannt wurde und wird das Konsument-Kaufhaus in Leipzig und weiter in der Hainstraße, diese führt zum Markt, waren Verkaufsstände aufgebaut. Westwaren wurden angeboten für beide Währungen. Ein buntes Treiben. So kurz nach dem Mauerfall Farbe und Vielfalt überall.
-Schön war es-
Meine Neuhamburger und ich fuhren nach den Festtagen gemeinsam wieder in die Nordstadt zurück, den Arbeiten entgegen.

Durch die Umsetzung einer Vertragsidee von mir, vermieteten wir unsere Fahrzeuge zum Jahreswechsel ausschließlich für einen festen Zeitraum von vor Weihnachten bis Anfang des neuen Jahres. So hatten wir 12 bis 14 zusammenhängende Urlaubstage.

Konservenzeit - 1990

Diese Umbruchzeit wollte ich nutzen. Meine Idee war dahingehend, Obst- und Gemüsekonserven in Leipzig zu verkaufen. Einen extra für Leipzig beschrifteten VW-Bus aus meiner Autovermietung belud ich bis unter das Dach mit den Dosen. Die Aldimärkte in Hamburg mussten dran glauben. Deren Reserven an Mandarinen, Pfirsichen, Pilzen kaufte ich auf. Der Warenwert belief sich auf 2.000 – 2.500 DM.

Mit dem schweren Bus fuhren meine Freundin und ich am nächsten Tag in Richtung Mitteldeutschland. Ohne Genehmigung befuhren wir die gesperrte Innenstadt. Kein Polizist hinderte uns daran. Bei dem Marktleiter zahlten wir eine Standgebühr, sie betrug 20 Mark Ost. Ein Platz wurde uns nicht zugewiesen. So suchten wir uns selbst einen Platz aus und stellten uns in die Hainstraße. Diese Straße führt, wie erwähnt, ja direkt zum Markt. Aus dem Fahrzeug heraus verkauften wir in gebückter Haltung, gerade stehen war höhenbedingt nicht möglich, unsere Blechkonserven. Die Kunden konnten in beiden Währungen zahlen. Zum Umrechnungskurs 1 Westmark = 5 Ostmark. Es gab auch Beschimpfungen der Preise und des Umtauschkurses wegen. Die meisten Kunden freuten sich jedoch über das lang ersehnte Angebot. Am Abend war der Wagen ausverkauft. Im Keller meines Elternhauses, einem Partyraum, wurde Kassensturz gemacht.

Das Tagesergebnis, eines als Beispiel, 10.000 Ostmark und 2.500 Westmark. Ein Traumergebnis. Für den Umsatz in Westmark konnten wir in Hamburg den Bus wieder laden. Von dem Ostmark-Umsatz mussten noch die Benzinkosten und die „Busmiete" in Abzug gebracht werden. Die Buskosten kalkulierte ich aus der Nichtvermietbarkeit des Fahrzeuges, wegen Abwesenheit in Hamburg.
Auf der Rückfahrt in die Nordstadt nahmen wir 100 Liter Benzin in Kanistern mit; Kostenpunkt 1,65 Ostmark je Liter. Den Sprit verkaufte ich für 0,50 DM je Liter an Freunde und Bekannte. So wurde ein Tauschkurs von zirka 1:3 erwirtschaftet.

Solch eine Verkaufstour dauerte 3 Tage.
Am 1. Tag Einkauf in Hamburg und Fahrt nach Leipzig,
am 2. Tag Verkauf,
am 3. Tag – Rückfahrt.

Die nicht benötigten Ostmark wurden von meiner Familie auf deren Leipziger Sparbücher eingezahlt. Ein Umtauschkurs für die spätere Währungsunion war noch nicht festgelegt. Wir gingen vom Kurs 1 zu 5 aus. Dass es später anders beschlossen wurde, war unser Finanzglück. Es wurde dann ein Kurs 1 zu 2 festgeschrieben.

Wir vereinnahmten bei unserem Blechhandel mit Fruchtinhalt auch Sondermünzen der Ostwährung.
Diese Münzen wurden als 5-, 10- oder 20 Mark-Stücke in Umlauf gebracht. Geprägt in schwerer Metall-Qualität mit verschiedenen Motiven. Der Name des Materials war mir nie bekannt geworden.

Bei einer Ausreise am Noch-Grenzübergang Gudow, ich war in Richtung Hamburg unterwegs, wurde ich heraus gewunken durch einen überflüssig gewordenen Grenzschützer.
In einer Großgarage vor Ort nahmen die Uniformierten meinen VW-BUS auseinander.
Das schwere Sondergut der Ostwährung wurde gefunden/entdeckt, jedoch nicht beschlagnahmt.
Eine Weiterfahrt inklusive dieser Münzen wurde mir verwehrt, da die Ausfuhr verboten war.

Mir wurden 2 Möglichkeiten eröffnet, eine von den Grenzern vorgeschlagen und eine von mir praktizierte:

1. Ich könnte ein Schließfach mieten, gegen eine Gebühr, in Westmark natürlich. Bei der Wiedereinreise in das Ostgebiet sollte ich das Schließfach dann auflösen/räumen und die Münzen rückführen.

2. Wenden am Grenzübergang und Rückfahrt auf der Transitstrecke Richtung Berlin-West.

Ich wählte Möglichkeit 2 und wendete – zweimal allerdings.

Nach kurzer Fahrt in Richtung Berlin wendete ich meinen BUS auf der Autobahn, einfach mal so, und fuhr wieder zu dem besagten Grenzübergang, die Münzen waren weiterhin an Bord.

-Es gab zu dieser Zeit noch keine Mittelleitplanken-

Nun steuerte ich die Grenzstation auf der Spur für Reisebusse an. Ich hatte ja einen BUS.
Dieser Teil des Übergangs befand sich an der äußersten rechten Seite der deutschen Trennungsabfertigung, in Sichtweite meines vorherigen Peinigers. Er bemerkte mich nicht. Mein neuer Grenzer wunderte sich über meine Spurwahl, akzeptierte sie aber dann doch.

Mein Argument: „ ich habe doch einen BUS".

Ausfuhr des Metalls geglückt.

Die Zeiten änderten sich schnell. Wir hatten mit dem Konservenkauf zu spät begonnen. Solch eine Fahrt war nur 1x in der Woche möglich wegen der Betreibung meines Hauptgeschäftes, der Autovermietung in Hamburg.

Gerade mal sieben Fahrten hatten wir machen können. Danach lohnte es sich nicht mehr. Wir wurden die Ware nicht mehr los. Am späten Nachmittag des Verkaufstages war der Bus noch zu einem Drittel gefüllt. Wir boten diese Ware dann sogar zum Einkaufspreis an. Der Bus unserer letzten Fahrt leerte sich trotzdem nicht komplett. Dosenüberschuss.

Gesamtfazit dieses Blechgeschäftes:

Gewinn 65.000 Ostmark, nach späterem Tausch durch Inkrafttreten der Währungsunion 32.500 Westmark.

Hamburgfahrten - 1990

Eine Geschäftsidee von meinem jüngsten Bruder war, Tagesfahrten nach Hamburg anzubieten. Er schaltete eine Anzeige in der Leipziger Volkszeitung, LVZ. Mit einem meiner 9-Sitzer-Busse veranstaltete er nun Hamburg-Fahrten. In der Früh ging es vom Leipziger Hauptbahnhof los. Direkt im Anschluss nach der Ankunft in Hamburg zeigte mein Bruder den Interessierten die Stadt per Rundfahrt und setzte sie dann auf der Reeperbahn ab. Ein fester Termin zur Abholung am selben Tag wurde frei ausgemacht. Danach kam mein Bruder zu mir um zu schlafen, auf meiner Multicouch. Wegen der Häufigkeiten der Fahrten kaufte ich nur für diesen Zweck einen neuen VW-Bus. Bereits nach einem halben Jahr versagte der Motor. Komplettschaden bei 65 Tausend Kilometer Laufleistung. VW reparierte, ohne Nachfrage, ohne Verzögerung, obwohl keine Inspektionen gemacht wurden, auf Kulanz.

Mein Bruder nahm auf den Rückfahrten aus Hamburg meist Waren mit. Für ein Gemüsegeschäft zum Beispiel Konserven oder auf einem Fahrzeugtransportanhänger einen Gebrauchtwagen zum Verkauf in Leipzig.
Parallel zu den Fahrten betrieb mein Bruder einen Autohandel ohne eigenen Verkaufsplatz. Einen Straßenhandel also.

5.Jahr

Meine Autovermietung entwickelte sich prächtig. Die Fahrzeuge wurden nicht mehr geleast, sondern finanziert. Autovermietungen wurden bis 20 % Nachlass auf Neuwagen gewährt. Mein Opel-Chefverkäufer machte es möglich, dass die Fahrzeuge zu 100 % finanziert wurden, inklusive Mehrwertsteuer.

Der Nachlass wurde mir per Scheck ausgezahlt, die Mehrwertsteuer (Vorsteuer) per Überweisung vom Finanzamt. Somit veranlasste jeder Fahrzeugkauf eine Aufstockung des Kontostandes. Bis Oktober ´90 waren 150.000 DM verbucht auf meinem Konto. Ich legte dieses immer als 30-Tage-Zins-Geld an.

Firmengrund Ende 1990

Auf Dauer war es nicht möglich, die Firma in einer 1-Zimmer-Sozialwohnung in der 4. Etage zu betreiben. Geeignete Mietgrundstücke, z.B. ausgemusterte Tankstellen waren rar und teuer. Unter 2.000 DM Miete war nichts zu finden, noch dazu in entfernten oder negativen Stadtteilen. Auf dieser Suche fand ich im Bille-Wochenblatt „die Anzeige": Garagengrundstück zu verkaufen. 6 Großgaragen auf 908 Quadratmeter Grund. Und das noch in meiner Straße. Preis 140 Tausend DM. Der Glücksfall. Meiner.

Einen Tag vor meiner Hochzeit wurde der Kaufvertrag geschlossen.

Es handelte sich um ein Pfeifenstielgrundstück, 908 qm groß, in zweiter Reihe. Bebaut war es mit drei LKW-Großgaragen. Ein Klinkergebäude.

Kaufpreiszahlung

Die Zinsen wollte ich bis zum letzten Tag, wie man heute sagt, „mitnehmen", es waren 30 DM pro Tag.
Ein Überweisungsvorgang durchlebte damals drei Banklauftage, bis es zur Ausführung kam. Durch das Wochenende dazwischen wären daraus fünf Zinsverlusttage geworden = 150 DM.
Unter völligem Unverständnis meiner Privatbank hob ich also die Kaufsumme von meinem Anlagekonto ab, in bar.
Im Hinterzimmer der Bank wurde mir das Geld ausgehändigt.

Unter Schweiß beförderte ich mein komplettes Erspartes ungefähr einhundert Meter weiter zur Sparkasse, zu Fuß.
Dort stellte ich mich in die Schlange der Wartenden.
Irgendwann an der Reihe, schob ich dem verblüfften Kassenmitarbeiter meine Scheine in das Glasgehäuse.
Hatte er sicher auch nicht jeden Tag.
Dann, gesichert hinter Panzerglasscheiben, war nun mein Grundstückskaufgeld bezahlt.
Gewinn 150 DM in 30 Minuten.

Nun hatte ich künftige Stellplätze für meine Fahrzeuge, wichtig, auch für die nicht zugelassenen Autos. Zunächst waren alle Garagen vermietet, zu extrem niedrigen Raten.
Schritt für Schritt erhöhte ich die Mieten auf einen

marktüblichen Preis. Der Nutzer der ersten Doppelgarage kündigte daraufhin. Diese Garage wurde von mir zweigeteilt durch Errichtung einer Wand aus Gasbeton.

Im vorderen Teil entstand mein Büro, im anderen die Werkstatt und das Lager. Ohne Einholung einer Baugenehmigung veränderte ich die Fassade.

Eine Eingangstür und ein Schaufenster wurden eingefügt.

Mein neuer Firmensitz war entstanden. Erst Jahre später musste ich einen Bauantrag nachreichen für die Genehmigung der Umbauten.

Die Stadt Hamburg ist eine sehr bürgerfreundliche Stadt.

Eine Stadt lebt von seinen und durch seine Bürger.

Das hat die Hamburger Bürgerschaft seit Jahrzehnten verstanden

Durch eine Behördenanzeige von Mit-Mietern des Hamburger Sozialhauses, in dem ich lebte und meine Firma betrieb, wurde ich von dem Eigentümer, dem Reichsbund Wohnungsbau aufgefordert, den Betrieb meiner Autovermietung sofort einzustellen.

Es sei vom Gesetz her nicht zulässig, in oder aus einer Sozialwohnung heraus ein Geschäft zu betreiben.

Als Antwort darauf konnte ich bereits Vollzug vermelden. Der neue Standort war ja bereits geschaffen. Keine Konsequenzen.

Haus 1991

Als verheiratetes Paar wurde die Einzimmerwohnung zu eng. Ständig suchte ich nach einem bezahlbaren Haus für uns. Die Angebotspreise waren für uns einfach nicht leistbar.

An einem Samstag im April, ich durchforstete wieder einmal die Immobilienanzeigen, da war das Haus, das Haus für uns, da wurde es angeboten.

Unglaublich, ein Privatangebot, ohne Maklerkosten.

Meine Frau war noch im Bad als ich ihr verkündete: „ich schau mir ein Haus hier in der Straße an".

Vor Aufregung konnte ich nicht auf sie warten. Ich musste sofort los.

Dieses Haus war mir noch nie aufgefallen. Schlicht, ich hatte es noch nicht gesehen. Kurz nach einer Ampelkreuzung befanden sich noch drei Grundstücke. Direkt vor einer Tankstelle gelegen. Eines wurde meines.

Die Tankstelle hatte ich immer im Blick gehabt auf dem Weg zu meiner Firma. Die Häuser übersah ich immer.

Es waren viele Interessenten auf dem Grund. Das Gespräch mit dem Verkäufer war sehr interessant.

Er versuchte bereits seit einem Jahr, das Haus über einen Makler zu verkaufen, vergebens.

Daraufhin entpflichtete er seinen Makler und inserierte privat, 25 Interessenten meldeten sich.

Ein Haus in Hamburg-Bergedorf mit 160 qm Wohnfläche auf 808 qm Grund für 250.000 DM. Diesen Preis hatte ich für ein freistehendes Haus noch nie erlesen.

Ein Manko von großer Bedeutung hatte das Haus.

Ein lebenslanges Wohnrecht des Vor-Vorbesitzers war im Grundbuch als Last eingetragen. Dieser 88jährige bewohnte die vordere Wohnung mit separatem Eingang.

Als Einliegerwohnung würde ich es nicht bezeichnen.

Er beeinträchtigte unser Privatleben eigentlich nicht. Allerdings war ein Gartennutzungsrecht für ihn festgeschrieben.

Der Alteigentümer nahm es aber nie in Anspruch.

Dessen ungeachtet wollte ich den Kauf – sofort.

Der Verkäufer war unsicher. „Wenn Sie das Haus wirklich kaufen wollen, verlange ich eine Anzahlung von 5.000 DM und das heute in bar, sagte er." Ich erwiderte: „Kein Problem, ich wohne hier in der Straße, bin in einer halben Stunde wieder hier".

Mit meiner Frau und der Anzahlung waren wir kurz, sehr kurz darauf, wieder vor Ort.

Wir kauften mit handschriftlichem Vorvertrag.

Der notarielle Vertrag folgte.

Noch ohne Darlehensvertrag sprach ich bei meiner Hausbank vor. Die mir wohlgesonnenen Angestellten fielen aus allen Wolken: „Sie kaufen ohne eine bewilligte Finanzierung ein Haus?" entgegneten sie mir.

Das Wohnrecht des Vor-Vorbesitzers wurde von der Bank hochgerechnet auf eine mögliche Lebenszeit des Berechtigten auf 102 Jahre. Dadurch verringerte sich der Beleihungswert um 80 Tausend DM.

Es dauerte Tage bis ich schließlich die Genehmigung des Vertrages erhielt. Eine Anzahlung von 20 % wurde gefordert und gezahlt.

Der Verkäufer hatte mich bereits in Verzug gesetzt, wegen der Zahlungsverzögerung und mit Rücktritt gedroht.

Geschafft – alles gut.

Das Haus war sofort bewohnbar. Es war in drei Einheiten verschachtelt. Jahre der Umbauten folgten. Vieles wurde in Eigenarbeit vollbracht. Umzug und Einzug erfolgte erst im Jahr ´92.

Leipzighaus 1 - April 1993

Meine Geschäfte liefen gut. Es sammelte sich Kapital an. So trug ich mich mit dem Gedanken, in Leipzig zu investieren. Über ein Maklerbüro wurde ein Mehrfamilienhaus, Baujahr 1900, angeboten im Stadtteil Plagwitz. Diesen Teil der Stadt hatte ich zuvor noch nie betreten, ein Arbeiterviertel aus der Gründerzeit. Das Haus war voll vermietet, in gutem baulichem Zustand mit

Klinkerfassade. Eine Erbengemeinschaft wollte/ musste dieses verkaufen. Während eines Familienbesuches sahen wir uns das Haus an. Ich war überzeugt.

Die Zahlen des Objektes überzeugten auch eine Bank in Leipzig. Es rechnete sich selbst. Durch die Mieteinnahmen wurden alle Raten bedient. Die Finanzierung war genehmigt und die Verträge gemacht. Ein für mich neues Feld tat sich auf.
Eigenkapital wurde in Höhe von 20 % gefordert.
Dieses war kein Problem für mich.

Meine Autovermietung war ständig auf Wachstumskurs.
Mit meiner Hamburger Privat-Bank konnte ich gut zusammenarbeiten. Sie hatte Vertrauen zu mir.
Vielleicht war auch ein Umstand, den sie schätzten, dass ich jede Umsatz-Mark tagtäglich einzahlte.
Seien es 30, 40 oder 1000 DM gewesen. Auch per Fahrrad, wenn es sein musste, brachte ich das Geld zur Einzahlung. Diese Bank hatte ja auch bereits mein Privathaus finanziert. Nun standen in meiner neuen Errungenschaft in Leipzig Renovierungen an.
Zuvor sprach ich bei der Bank in Hamburg vor. Es wurden 100 Tausend DM gewährt, ohne weitere Sicherheiten zu fordern.

Das vorwiegend und am einfachsten Umsetzbare war der

Einbau neuer Fenster. Kunststofffenster wählte ich, obwohl das Haus unter Denkmalschutz stand.

Wenn keiner fragt oder nachfragt, wähle ich immer die preisgünstigste Art der Ausführung.

Im Erdgeschoss meines neuen Hauses hatte sich eine Vertriebsfirma für Kunststoff-Fenster und Türen eingemietet. Mit einem Korruptions-Vertrag, anders kann ich es nicht bezeichnen, mietete die Firma das Erdgeschoss auf einer Fläche von 150qm für einen monatlichen Mietpreis von 340,00 DM und das auf 10 Jahre fest, bis 1999. Das war vor meiner Zeit verhandelt worden und nicht zu ändern. Eine Mieterhöhung nicht möglich. Weil im Hause ansässig, bestellte ich dort alle Fenster für die Sanierung. Ein großzügiger Hausrabatt wurde gewährt.

Kurzepisode:

In meinem Hamburger Privathaus wurde geklingelt, Fensterlieferung.

Ein Megalaster brachte die Hauptstraße, kurz vor erwähnter Ampelkreuzung, fast zum Erliegen.

Ich hatte keine Fenster für Hamburg bestellt. Durch einen Systemfehler der Herstellerfirma wurden die für Leipzig bestimmten Fenster nach Hamburg, direkt an mich, den Besteller geliefert.

Also Weiterfahrt des Lastgespanns nach Leipzig, eben mal 430 Kilometer.

XXX

Durch den Auszug eines Mieters im Haus 1 in Leipzig wurde eine Wohnung frei. Dort ließ ich ein Bad einbauen.

Das frühere Kinderzimmer dort wurde dafür verwendet. Im ganzen Haus existierten noch keine Bäder. Die WC´s befanden sich außerhalb der Wohnungen, direkt drei auf der Etage, nicht auf halber Treppe, wie so oft in Häusern der Jahrhundertwende.

Durch eine Gasbetonwand wurde der hintere Teil der 3-Zimmerwohnung abgeteilt. Diese neu entstandene Wohneinheit hatte ich zu einer Einzimmerwohnung mit Küche und Bad gewandelt und vermietet. In dem abgeteilten vorderen Zimmer richtete ich ein Büro ein, für meine neue Firma.

Hier wurde kurz darauf die Zweigniederlassung meiner Autovermietung ansässig.

Kredittage - Mai 1993

Die ewige gute Zusammenarbeit mit der Hamburger Bank nahm neue Gestalt an. Mein bisheriger Kreditrahmen war bis zu diesem Zeitpunkt auf fünfhunderttausend DM festgelegt worden.

Die Bänker und ich hatten ein, für beide Seiten vorteilhaftes, Modell gefunden, erfunden.

Mein Firmen-Girokonto wurde normal geführt und mit einem Dispo-Kredit von 100 TDM ausgestattet.

Ein weiteres Konto diente zur Finanzierung der Mietfahrzeuge. Dort standen 400 TDM zur Verfügung.

Die Zinsen wurden monatlich fällig, taggenau auf den Saldo berechnet.

Den Kauf eines Fahrzeuges kündigte ich einen Tag vorher an, unter Angabe des zugehörigen Betrages. Der Kaufpreis wurde daraufhin bar ausgezahlt und dementsprechend das „Fahrzeugkonto" belastet, ohne Bearbeitungsgebühren. Erst nach Kauf reichte ich den Kfz-Brief als Kreditsicherheit nach.

So entstand immer ein Gesamt-Schuldsaldo ohne Einzelverträge. Vor dem Verkauf eines Fahrzeuges erhielt ich, im Vorwege, den Kfz-Brief von der Bank ausgehändigt. Ein, für mich, freier Verkauf war möglich ohne Bankrückversicherung, ohne Nachfragen. Den Verkaufserlös zahlte ich danach auf das Konto ein. Jegliche Vertragslaufzeiten entfielen nebst Vorfälligkeitszinsen und Bearbeitungsgebühren.

Somit konnte ich ein Fahrzeug nach beliebiger Haltedauer verkaufen, ohne irgendwelche Kredit-Nachteile.

Noch lag meine weitere Osterweiterung in der Luft.

Die Fahrzeugkredite waren zu 90 Prozent ausgereizt. Ich bat um ein Kreditgespräch mit der Zielsetzung einer Erhöhung des Limits.

Der Bankchef Junior persönlich empfing mich in seinen hinteren Räumen.
Er gekleidet im guten Zwirn, ich ein Pullovermann.
Meine Zukunftsideen wurden besprochen, die bereits erfolgte Gründung der Filiale in Leipzig und die Planung einer weiteren in Güstrow. Mein Gedanke war eine Aufstockung um 100 Tausend DM. Der Juniorchef darauf zu mir: „Warum gehen wir nicht gleich auf 1 Million".
Ich war sprachlos. Wunderbare Möglichkeiten wurden mir dadurch eröffnet.

Letzter Junitag 1993

Den besten Freund meines Bruders und baldigen Anverwandten, denn unsere gemeinsame Nichte war unterwegs, stellte ich fest ein. Er sollte mein neuer Mann in Leipzig werden. Zum 30. Juni standen ihm 5 Opelfahrzeuge zur Verfügung für den Geschäftsbeginn unserer Autovermietung.

Durch Zeitungswerbung entwickelte sich die Filiale gut. Neben der Vermietung wurden auch Umbauarbeiten im Haus 1 durch ihn selbst ausgeführt und Auftragsausführungen von Fremdfirmen kontrolliert.

Durch die enorme Abwanderung von Ostdeutschen Richtung Westen stieg der Wohnungsleerstand erheblich an. Leipzigs Bevölkerungszahl verringerte sich zum Beispiel von 620 Tausend vor der Wende auf unter 500 Tausend Einwohner.
Auf genaue Zahlen verzichte ich hier.
Diesen Schwund bekam auch ich zu spüren. Eine Wohnung nach der anderen wurde frei. An eine Neuvermietung war nicht zu denken, nicht möglich. Es gab bessere Wohngegenden und Neubauten am Stadtrand. Dort zogen die Leipziger hin. Um die Kosten zu decken, musste eine Lösung her. Wir statteten die Wohnungen mit Möbeln aus, um die Zimmer an Gäste der Stadt tageweise zu vermieten.
Meine Mutter betrieb schon seit Jahren eine Pension im Norden der Stadt. Nach diesem Vorbild wurde praktiziert. Mein Mitarbeiter wurde so zum doppelten Vermieter, für Autos und Zimmer.

Leipzig Haus 2 - 1994

Ohne Nachfrage erhielt ich von dem Immobilienmakler der mir das 1. Haus vermittelte ein Angebot. Wiederum eine Erbengemeinschaft wollte das Nachbarhaus von meinem Haus 1 verkaufen. Eine Chance für Expansion. In diesem Haus befanden sich 7 Wohnungen und ein Ladengeschäft. Ich kaufte. Der Zustand insgesamt war etwas schlechter, der Kaufpreis der gleiche. Zwei Häuser nebeneinander ließen sich sehr einfach gemeinsam bewirtschaften.

Der Laden wurde ausgebaut als Imbiss nach „Hamburger Art". In meiner Nordstadt gab es viele dieser Geschäfte mit Namen „Croque-Laden". Bei dieser Spezialität handelt es sich um Baguette-Brote von 30 cm Länge. Belegt wurden diese mit Salat, Tomaten, Käse und Weiterem, nach Kundenwahl. Im Pizzaofen erhielten sie ihre Knusprigkeit. Verfeinert mit verschieden frei wählbaren Soßen wurden sie zu einem Mahl ganz besonderer Art.
Wohl der erste Croque-Laden in Leipzig entstand.
Meine damalige Frau arbeitete zuvor, in Vorbereitung unserer Eröffnung, unentgeltlich in einem Laden dieser Art in Hamburg. Dort konnte sie auch das Geheimnis der Soßenzubereitung erfahren, dem A und O der Verfeinerung. Sie betrieb dann den Leipziger Laden mit

einer Aushilfe für den Lieferservice. Es wurden neben den Croques auch Pizza, Salate und mehr angeboten. Die Umsätze hielten sich leider in bescheidenen Grenzen. Einer weiteren Fortführung im ständigen Minusbereich hatte ich massiv widersprochen. Nach nicht einmal einem Jahr wurde der Imbiss von mir geschlossen.

Neue Verwendung erhielten diese Imbissräume durch den Umzug unseres Doppel-Vermietbüros (Auto+Zimmer-Vermietung) aus unserem Nachbarhaus, dem Haus 1. Der ansprechende Tresen war ein solider Fortschritt für unsere Gästeannahme. Im hinteren Teil des Ladens entstand unser erster Frühstücksraum, durch unsere Gäste separat vom Treppenhaus begehbar.

Durch den anhaltenden Auszug der Wohnungsmieter verfügten wir seinerzeit über insgesamt 28 Pensionszimmer, verteilt auf die beiden Häuser.

Zwischenepisode
Fleischlagerung – 1999

Unsere Leipziger Autovermietung hatte auch bereits VW-Transporter im Angebot.
Ein Mieter solch eines Fahrzeuges betrieb einen Fleischhandel.

Er bot seine Waren auf Wochenmärkten in Westdeutschland zum Verkauf an.

Zur Beförderung diente ein Transporter aus unserem Bestand. Wochenweise wurde der Mietvertrag verlängert.

Ein gutes Geschäft für uns.

Allerdings verzögerte der Mieter seine Wochenzahlungen bis hin zur unserer Schmerzgrenze.

Als eine weitere Vertragsverlängerung anstand, zahlte er nur die Miete der zurückliegenden Woche. Für die Folgezeit reichten seine Gelder nicht aus.

Wir nahmen ihm kurzer Hand die Fahrzeugschlüssel ab und fügten den Bus wieder unserem Machtbereich zu.

Der verdutzte und völlig überraschte Mieter gab uns daraufhin sein Fleischgeheimnis bekannt.

Der Transporter war noch beladen mit Fleisch, ungekühltem Fleisch, aus Westdeutschland rückgeführte Ware.

Was nun? Das Fahrzeug musste beräumt werden.

Mein Bruder erklärte sich bereit ihm bei der Umlagerung zu helfen, gegen ein Entgelt von 50 DM.

Das Fleisch lag lose auf dem Fahrzeugboden.

Der neue Aufenthaltsort des Fleisches war der Teppichboden in der Wohnung des Automieters.

Wir hatten unseren Bus zurück, fleischlos.

Freunde in Hamburg

Unser Freundeskreis in Hamburg war bunt.
Schöne Tage und Abende verbrachten wir gemeinsam.
Ein großer Stammtisch bei unserem Griechen „Dimi" war
am Sonntagabend immer reserviert für uns. Jeder von uns
wusste das. Dies war ein fester Treffpunkt. Wer wollte,
der kam.
Der Tisch blieb nie leer.

In Hamburg-Bergedorf lag eine alte „Kogge" im Hafen,
ein Holzschiff, das zur Disco umgebaut worden war. Dort
waren wir Freunde jeden Freitag Stammgäste, hatten
unseren Tisch, direkt an der Tanzfläche. Jeder wusste
auch dies. Der polnischen Übernahme des Schiffes
konnten wir nicht standhalten. Wir Deutschen verließen
das Schiff. Später sank es.

Zu unserem Freundeskreis zählte auch ein
fitnessfanatischer Bodybuilder. Er träumte von einem
eigenen Studio. Er war der Meinung, mit günstigen
Preisen könnte es DAS Geschäft werden.
Finanzielle Mittel für solch ein Unternehmen konnte er
nicht aufbringen. Seine Überlegungen fand ich
interessant. Er war ein Überzeuger in Gestik und
Rhetorik.
Fortsetzung folgt auf Seite 163.

Leipzig – Arroganz-Haus 3 – Ende 1994

Die Geschäfte in beiden Städten liefen gut. In Hamburg beschäftigte ich 3 Mitarbeiter – in Leipzig 2. Für meine Buchhaltung konnte ich mich deshalb oft in mein Privathaus zurückziehen. In angenehmer Dachgeschossruhe ging ich meinen Gedanken nach, auch den Gedanken nach Expansion.

Ein Anruf bei dem mir bekannten Leipziger Makler brachte mich erneut in Hauskauflaune. Er solle mir, bat ich ihn, ein voll vermietetes Haus anbieten. Nach zwei Stunden erfolgte der Rückruf. Ein passendes Objekt war gefunden im Leipziger Stadtteil Reudnitz. Kaufpreis 1 Million DM. Die Mieteinnahmen jährlich betrugen 85 Tausend. Sozusagen ein Selbstläufer. Mit den Füßen auf dem Schreibtisch lehnte ich auf dem Kippstuhl und rief meinen Hamburger Finanz- und Versicherungsmakler an. Dieser hatte mir bereits alle meine Fahrzeugversicherungen vermittelt und ständig Kredite verschafft für meine Immobilien.
Ich schilderte ihm die Eckdaten des neuen Objektes.
Mit Begeisterung machte er sich an die Vermittlungsarbeit für eine passende Finanzierung. Den Rückruf wollte er noch an diesem Tage tätigen.
So getan, die Million war bewilligt.
Mit dieser Information überraschte ich den Immobilien-

makler in Leipzig. Das Haus kaufte ich ungesehen, im Vertrauen auf 2 Menschen, am Telefon.

Das Studio - Februar 1995

Wieder auf meinem 300-Meter-Arbeitsweg fuhr ich vom Heim-Haus zur Firma. Ein Angebotsplakat blinkte mir seit Tagen ins Gesicht und forderte meine Aufmerksamkeit.

In meiner geliebten Wohn- und Firmenstraße wurde eine Produktionshalle zur Vermietung angeboten, 650 qm. Aha. Oha.

Der Studiogedanke war geboren.

Mit meinem Fitness-Freund und unserer Freundin vereinbarten wir einen Besichtigungstermin. Die Lage, die Aufteilung waren ideal. Vormals beherbergte die Halle einen Produktionsbetrieb für Stadtpläne.

Unser Freundgespräch brachte die Endüberlegung.

Wir gründeten ein Fitness-Studio. Die Finanzierung übernahm ich. Der Mietvertrag wurde unterschrieben. Nun ging es los, nach Erhalt der Genehmigung der Nutzungsänderung.

Die Umbauten wurden geplant, Zwischenwände eingezogen, Duschräume geschaffen. Eine Leipziger Firma übernahm die Ausführung. Die Baumannschaft konnte direkt im Studio übernachten. Das sparte Kosten für uns. Die Baufirma hatte zuvor alle meine Arbeiten in Leipzig an und in den Mehrfamilienhäusern ausgeführt. Qualitätsleute.

Wir, die drei Gesellschafter, fuhren in den noch höheren Norden. Dort war ein Großhändler für gebrauchte Fitnessgeräte ansässig. In riesigen Hallen waren die Leasingrückläufer oder Einrichtungen aus Konkursverkäufen und Geschäftsaufgaben von Fitness-Studios ausgestellt. Unser Freund und Trainer hatte zuvor eine Liste aufgestellt über unsere genauen Vorstellungen der benötigten Geräte und der Ausstattung. Alles wurde ausgewählt und vertraglich festgeschrieben.

Eine Endsumme von 85 Tausend DM das Ergebnis. Vom Händler sollten alle Geräte generalüberholt, mit neuer Farbe versehen, neu gepolstert und geliefert werden. Wir entschieden uns für die Gerätefarbe Schwarz mit gelben Polstern.

Das Studio glänzte zur Eröffnung phantastisch.
Unsere gesamte Leipziger Familie und Freunde hatten wir eingeladen, mit Kind und Kegel. Durch Anzeigenwerbung und einem Zeitungsbericht im Bille-Wochenblatt kündigten wir die Neueröffnung an. Auch in der Fußgängerzone verteilten wir Infoblätter. Das Interesse war mäßig. Einige erste Verträge wurden am

Eröffnungstag geschrieben. In den Folgetagen kamen dann ständig mehr Trainingssuchende. Ein kleiner Boom könnte man sagen. Viel Kundschaft hat unser Trainer auch von seinem vorherigen Studio mit zu uns gezogen. Diese steckten jedoch meistens noch in ihren Verträgen bei anderen Studios fest und stießen erst nach und nach zu uns. Es lief immer besser.

Wendegrundstücke

Der Wandel vom östlichen in das westliche Rechtsystem Deutschlands brachte erhebliche Probleme mit sich.

Ein brisantes Beispiel: ehemalige Eigentümer von Immobilien aus der Zeit, auch vor 1945, bis zum Jahr 1989 stellten Anträge auf Rückübertragung ihrer Grundstücke und Häuser.

Warum? – Nacherklärung unten

Die Nocheigentümer dieser erheblichen Werte, die ostdeutschen Städte und Gemeinden, wehrten sich mit allen Mitteln gegen die Rückgabe dieser Grundstücke. Oft über Jahre wurden Prozesse geführt, unbegründete Widersprüche erhoben. Viele Alteigentümer waren den langjährigen Verfahren seelisch und finanziell nicht gewachsen und gaben ihren Widerstand auf oder verstarben.

Im roten Teil Deutschlands waren die Mieten sozialistisch festgeschrieben, auf sehr niedrigem Niveau. Mit diesen Mieten konnten private Eigentümer ihre Häuser nur schwer instand halten, geschweige denn, in Reparaturen investieren. Die Häuser waren aus finanziellen Gründen oftmals nicht zu halten: Der Ruin vieler Besitzer drohte.

Es bestand jedoch die Möglichkeit, das Haus oder die Häuser auf die staatliche Wohnungsgesellschaft zu überschreiben. Im Jahr 1973 verzichtete auch mein Verkäufer auf den Besitz seines Hauses, meinem späteren Haus 3.

Die Kosten solcher Verfahren wurden nach dem Streitwert berechnet. Schnell explodierten die Streitwerte in die Millionen. Im Verfahren mussten die Anspruchsteller die Kosten aus eigenen Mitteln tragen. Die Gemeinden hatten ihre eigenen Anwälte und genug Mittel zur Verfügung, um einen Prozess zu führen, durch Verfahrens-Verzögerungen. Bedingt durch die unberechtigte Bereicherung, würde ich meinen, konnten die Gemeinden die Verfahren bis in die letzte Instanz finanzieren.

Zwischenerklärung

Bis zum letzten Urteil auf Herausgabe des Grundstückes vereinnahmte die Stadt die Miete und bestrafte in diesem Zuge die Häuser durch 0-Reparaturen und 0-Investitionen.

Es wurde nur geschöpft. Das Recht auf Mieteinnahmen stand bis zur Rücküberschreibung dem im Grundbuch eingetragenen Eigentümer zu. Von diesem Recht, im Fall der Rückübertragung, muss ich sagen, Unrecht, machte und macht auch die Stadt Leipzig mit aller Härte Gebrauch.

Vor allem unwirtschaftliche Grundstücke wurden zügig rückübertragen an die Alteigentümer, die profitablen nicht.

Kritik

Die Regierenden hätten im Einigungsvertrag festschreiben müssen, dass die Mieteinnahmen für Grundstücke, die rechtmäßig rückübertragen werden, ab Zeitpunkt der Deutschlandwende dem Vorbesitzer zustehen.

Viele Extremprozesse hätten vermieden werden können, da in einem solchen Fall für die öffentlichen Träger kein Interesse an derartigen Rechtsstreitigkeiten bestanden hätten.

Der Notarvertrag war geschlossen worden. Ich kaufte jedoch nicht das Haus, sondern nur die Rechte an dem Objekt für den Fall der Rückübertragung durch die Stadt Leipzig an den Alteigentümer.

Erst in diesem Fall würde der Kaufpreis zur Zahlung an den Ur-Besitzer von 1973 fällig. Die Rechte an dem Haus würden mir dann erst übertragen werden, inklusiv Zufluss der Mieteinnahmen. Soweit verständlich und nachvollziehbar.

Einen Kreditvertrag schloss ich bei zwei Banken ab, in Teilen zu 200 und 800 Tausend DM. Kein Eigenkapital war verfügbar. Für Hausfinanzierungen wurden 20 % Eigenkapital gefordert. Diese 200 Tausend DM hatte ich nicht zur Verfügung. So gab ich mein unbelastetes Firmengrundstück in Hamburg als Sicherheit frei. Fehler Nummer 1.

Der Rechtsstreit mit der Stadt Leipzig auf Rückgabe des Grundstückes kam nicht voran. In seinem eigenen Interesse führte der Vorbesitzer von 1973 und Rechteverkäufer diesen Prozess bereits seit 1992. Seine Kosten beliefen sich bis Ende 1994 auf 26 Tausend DM. Die Stadt wollte einfach nicht zurückgeben.

In meinem Kreditvertrag war vereinbart, dass für die Bereitstellung der Kreditsumme ein Zinssatz von 2,5 % in Rechnung gestellt wird, entsprach 25 Tausend DM pro Jahr. Mein Fehler 2.

So musste ich ab Vertragsdatum einen monatlichen Zins von über 2.000 DM an die Bank zahlen, ohne bisher eine Gegenleistung erhalten zu haben. Bereitstellungszins nennen es die Banken. Solch ein Wirrsinn. Banken halten immer Geldsummen vor. Das ist doch deren Geschäft. Viele Monate gingen in das gemeinsame Land. Keine Fortschritte.

Fortsetzung folgt auf Seite: 173

Filiale drei - 1995

Im Sommer eröffnete mein Onkel ein neu errichtetes Seat-Autohaus am Stadtrand von Güstrow. Zuvor bereits hatten wir Geschäftskontakt. Wir schlossen Verträge zur Abnahme von einer festgelegten Fahrzeuganzahl für meine Autovermietung. In diesem Haus waren Büroräume im Obergeschoss frei. Ich mietete einen dieser Räume. Eine neue Filiale wurde gegründet. Diese umfasste eine Vertragsverbindung, dass jegliche Unfallersatzwagen von meiner Autovermietung gestellt werden. Im Falle eines Verkehrsunfalls werden ja, bekannterweise, Ersatzfahrzeuge an die Kunden vergeben, die ihre Autos in Reparaturauftrag gegeben haben. Die Versicherung des Unfallgegners zahlt in solchen Fällen die Mietwagenkosten. Eine festgeschriebene Vorgehensweise inklusiv der Kosten pro Tag. Für uns, als Autovermieter, war das lukrativ und risikolos. Mein Hamburger Mitarbeiter, damals noch ein Freund, leitete die Filiale. In dieser Zeit hatte er keine Freundin und wollte sich der Sache annehmen. Auch dieser Standort rechnete sich.

Die Flottenzahl war auf 55 Fahrzeuge angewachsen, verteilt auf die drei Standorte: Hamburg, Leipzig, Güstrow.

Pleite - 1995

Am letzten Oktobertag finanzierte ich meine neue amerikanische Errungenschaft bei meiner Hamburger Bank..
Ab sofort wurde ein Chrysler Voyager mein Flaggschiff, auch privat.
Den Kfz-Brief reichte ich bei meinem Bankhaus ein und erhielt für den erfolgten Kauf 36.000 DM ausgehändigt.
Am Morgen darauf, dem 1. November, blieben alle

Filialen der Bank geschlossen. Die Privatbank war in Konkurs gegangen.

Eine große Welt ging für mich unter. Für mich und meine Unternehmen war die Bank ein Grundpfeiler in Sachen Finanzierungen. Von heute auf morgen brach meine Finanzwelt zusammen. Keine neuen Fahrzeugkredite waren mehr zu erhalten von dieser Seite. Nicht unmittelbar danach kam es zu Fahrzeug-Engpässen. Die Flotte war ja noch jung.

Veralterung - 1995/ 1996

Eine neue Bank war schnell gefunden. Nur ein Kreditrahmen wurde mir nicht eingeräumt. Jede Neuwagenfinanzierung musste einzeln erkämpft werden, nicht bei meiner neuen Hausbank, sondern bei Autobanken oder Leasinggesellschaften. Mein Bestand von 55 neuen und noch jungen Fahrzeugen konnte nicht gehalten werden. Die Kunden der Neuzeit wollten keine alten Fahrzeuge mieten.

Die Filialen meiner einstigen Hausbank blieben geschlossen. Im Falle des Verkaufes eines Bestandsfahrzeuges musste ich den betreffenden Kfz-Brief im Hauptsitz der Bank in der Innenstadt auslösen.

Das finanziell Schwierige daran war, dass ich den Ablösebetrag vor dem Verkauf in bar zur Verfügung stellen musste. Die älteren Fahrzeuge wurden abgestoßen und konnten nicht in gleicher Zahl durch neue ersetzt werden.

Die Flotte alterte und schrumpfte.

Ein weiteres Problem war, dass all meine Kreditbeträge in der Schutzgemeinschaft für allgemeine Kreditsicherung (Schufa) aufgeführt waren. Die dortigen Einträge beliefen sich auf 3,4 Millionen DM. Somit wurde es schwierig, neue Kredite zu erhalten. Die Firmengewinne reichten nicht aus, um weiteres Finanzvertrauen zu vermitteln

Rückzug - 1996

Durch Drängen der Freundin meines mittleren Bruders, beschloss seine Familie zurück nach Leipzig zu ziehen. Ein Schlag für mich. In Hamburg arbeiteten wir bisher zu dritt, das war schon am Minimum. Meinen damaligen Freund orderte ich daraufhin von Güstrow nach Hamburg zurück.

Ein neuer Mitarbeiter aus der Stadt Güstrow übernahm die Filiale dort.

Haus 3 - 1996

Noch immer war nicht über die Rückübertragung des Reudnitzer Hauses in Leipzig entschieden. Es gab jedoch eine andere Möglichkeit, den Grundbucheintrag zu erlangen. Die Beantragung eines Investitionsvorrangbescheides sollte mein Weg sein. Dieser setzte allerdings einige Bedingungen voraus. Ich musste mich verpflichten, eine, dem Zustand des Hauses angemessene Summe zu investieren und 3 Mitarbeiter neu einzustellen.

.

Die Gelder liefen davon. Bereits 50 Tausend DM Bereitstellungszinsen hatte ich aufbringen müssen. Aus dieser Zwangslage heraus unterschrieb ich diesen Knebelvertrag, wobei mir noch nicht klar war, wie ich die Investitionssumme für die Sanierung hätte aufbringen können.
Der Bescheid wurde erlassen.

Der Kaufpreis, in Höhe von einer Million DM, wurde daraufhin von zwei Banken, zu Teilen von 200 Tausend DM und 800 Tausend DM, an die Stadt Leipzig ausgezahlt.
Im Falle der rechtsgültigen Rückübertragung des Grundstückes würde die Stadt diesen Betrag dann an den Altbesitzer von 1973 auskehren.

Nun stand ich endlich im Grundbuch. Nun flossen die Mieteinnahmen. Wie bereits erwähnt, die Stadtverwaltung hatte keine Mark in das Haus investiert sondern nur Mieteinnahmen geschöpft. Sanierungen konnte ich, aus Finanznot, nur in kleinem Maße durchführen. Das Dach vom Hinterhaus war defekt, die Mieter waren bereits ausgezogen. Die Dachreparatur konnte und musste ich durchführen. Für die Komplettsanierung fehlten mir die Mittel. Ein weiterer Fehler in dieser Objektsache war, dass ich neben der Hausfinanzierung keine Mittel für die Sanierung beantragte.

Mein Antrag auf Gewährung eines Aufbaukredites bei der Sächsischen Aufbaubank wurde abgelehnt mit der Begründung: mein Einkommen könne die Mietausfallrisiken nicht abdecken. Die Folge, Mieter zogen aus, wegen Nichtsanierung. Die Mieteinnahmen brachen ein. Die Banken konnten nur schwer und verzögert bedient werden.

Umzug - 1997

Finanziell angeschlagen beschloss ich, den bisherigen Hamburger Firmensitz, der sich bislang auf meinem Garagengrundstück befand, in das Fitnessstudio zu verlegen. Parkflächen waren dort ausreihend vorhanden für meine Mietfahrzeuge. Auch ein Büro war dort frei.

Nach dem Umzug konnte ich mein bisheriges Firmengrundstück vermieten, zu einem Mietpreis von 2.000 DM monatlich.
Eine beachtliche und wichtige Einnahmequelle.
Einer meiner Hamburger Mitarbeiter der Autovermietung hatte bereits gekündigt, bedingt durch den Wegzug aus der Stadt.
Ersetzt hatte ich ihn nicht. Durch die Verringerung des Fahrzeugbestandes konnten wir die Vermietung auch zu zweit betreiben.

Mit den Autohändlern handelte ich aus, dass ich immer drei gebrauchte Fahrzeuge verkaufen wolle und zwei neue dafür kaufen oder leasen werde. So verringerte ich meinen Fahrzeugbestand weiter. Mein vertrauter Hamburger Finanzmann hatte mir eine Leasinggesellschaft vermittelt, die mir einen Verfügungsrahmen von 150 Tausend DM einräumte. So konnte ich auf kleiner Fahrt weiter vermieten.

Privathaus - 1997

Durch die Trennung von meiner Frau. Sie kam aus Leipzig nicht mehr nach Hamburg zurück, und dem folgenden Wegzug meiner Tochter, lebte ich jetzt allein in den Hamburger Räumen auf einer Fläche von 160 qm.

Der Liquidator meiner Hamburger Privatbank drängte auf den Verkauf des Hamburger Hauses oder auf eine Umschuldung. Eine neue Hausfinanzierung konnte ich bei keiner anderen Bank realisieren. Auch meine Mutter aus Leipzig versuchte eine Hypothek für dieses Haus zu erhalten. Vergebens, sie sei zu alt, trotz Top-Bonität.
Also blieb nur der Verkauf der Immobilie.
Die Beauftragung eines Maklers brachte keinen Erfolg. Die Vermarktung gestaltete sich schwierig. Das Haus befand sich an einer Hauptstraße, neben einer Tankstelle. Dazu gesagt, das zweite Bad im Erdgeschoss war noch eine Rohbaustelle und schreckte potentielle Käufer ab.
Kein Erfolg.

Episode

Haus 2 mit rotem Hauch - 1998

In einem Pensionshaus ist ja Gästeverkehr ein Normalvorgang. Ein- und Ausgang von unseren Gästen,

Betonung auf unseren. Auffällig wurden des Öfteren männliche Besucher, die nicht Gäste unserer Pension waren. Diese schienen im Flur zu warten auf unsere Hausgäste. Irgendetwas schien seltsam. Mehrere dieser Wartenden wurden von meinem Mitarbeiter angesprochen mit der Frage „Wohin des Wegs?", „Wir haben eine Verabredung hier", die Antwort. Auf intensivere Nachfrage wurde ihm der Name unseres Gastes genannt. Ein weiblicher Gast, asiatischer Herkunft, hatte sich bei uns eingemietet. Seltsam fiel uns auf, dass die Dame mit zwei sehr großen Überseekoffern anreiste. Sie wollte wohl länger bleiben, dachten wir. Ohne Zögern wurde unsere Gästin nach diesem Vorfall von meinem Mitarbeiter im Zimmer aufgesucht und befragt über diese Aktivitäten. Die Asiatin gab an, Liebesdienste anzubieten. Über Zeitungsannoncen, mit Angabe der genauen Anschrift, warb sie für unser Haus und ihre Dienste. Unsere Pension duldete solch eine Negativwerbung nicht. Der Asiatin wurde das Zimmer sofort gekündigt. Sie wurde zum Verlassen der Räume aufgefordert. Unter Einsatz all ihrer weiblichen Reize versuchte sie noch meinen Mitarbeiter zum weiteren Verbleib zu bewegen. Das Rotlicht ging aus.

Wasser ohne Ende – September 1999

An einem Freitag, meine Noch-Immer-Ehefrau war noch in der Zimmervermietung tätig, betrat am späten Nachmittag das Haus 1 in Leipzig und vernahm ein Rauschen, ein Wasser-Rauschen. Im Dachgeschoss waren zwei Flexschläuche unter einem Waschbecken geplatzt und hatten Wasser freigesetzt. Sämtliche Etagen waren mit dem Element durchtränkt worden. Es sah aus, wie nach dem Krieg. Die Tapeten waren von den Wänden gelappt, Fußböden mit 3 cm Wasserhöhe bedeckt. Möbel unbrauchbar geworden. Alles war zerstört. Übernachtungsgäste waren glücklicherweise nicht im Haus. Wohl auch deshalb war der Schaden so spät, zu spät bemerkt worden.

Der Großschaden wurde in der Folgezeit von der Versicherung begutachtet und auf 186 Tausend DM beziffert. Trockengeräte in den Etagen entfernten das Medium Wasser aus den Räumen. Die Reparatur übernahmen meine Mitarbeiter in Eigenregie. Mein Freund und Leipzig-Halter, ein Selbständiger, erstellte mir die entsprechenden Rechnungen. Je nach Sanierungsfortschritt wurden diese von der Versicherung beglichen. Unser Materialeinsatz betrug 45 Tausend DM, die Trocknungskosten von gleicher Höhe hinzugerechnet, verblieb mir ein Gesamtgewinn von 96 Tausend DM.

Vertraglich war es so vereinbart worden, dass meine

Nochfrau die Pensionsräume von mir mietete.

Unser Steuerberater hatte uns zu dieser Regelung geraten. Es war ein Glück in diesem Fall. Unser Versicherungsvertrag enthielt die Klausel zur Absicherung für den Fall einer Betriebsunterbrechung.

Nun war genau dieser Schaden eingetreten, der Fall des Komplettwegfalls der Geschäftsgrundlage.

Eine Versicherungszahlung zum Ausgleich der Betriebsunterbrechung, in Höhe von 58 Tausend DM war die Folge.

Absturz durch Haus 3 - November 1999

Der Tag war gekommen für den Altbesitzer von 1973.

Sein Rückübertragungsanspruch war rechtskräftig geworden. Mit der Stadt Leipzig wurde ein Vergleich geschlossen. Die Stadt zahlte 960 Tausend DM an den Anspruchsteller aus. Die Differenz von 40 Tausend DM, ich hatte ja 1 Million DM bezahlt, verblieb im Stadtsäckel. Betrug.

Die Sache schien erledigt, zumindest mit der Stadt. Im ursprünglichen Vertrag zwischen dem Alteigentümer und mir war festgelegt, dass der Kaufpreis ab dem Tag zu verzinsen sei, sobald ich als Eigentümer im Grundbuch eingetragen bin.

Durch den Vertrag mit Vorrangbescheid, den ich mit der

Stadt Leipzig geschlossen hatte, war ich ja bereits seit 1996 in das Grundbuch eingetragen worden. Die gegnerischen Anwälte legten jedoch den ursprünglichen Vertrag mit dem eigentlichen Verkäufer und Alteigentümer zugrunde und machten Zinsen geltend, in Höhe von 530 Tausend DM. Berechnet wurden Zinsen und Zinseszinsen auf die vertraglich vereinbarte Kaufsumme von 1 Million DM.

Der Grundbucheintrag erfolgte ja bereits 3,5 Jahre zuvor.

Der Supergau für mich. Somit sollte ich den 2-fachen Zins zahlen, einmal an die Banken und zum zweiten an den Altbesitzer. Nicht einmal ansatzweise war mir jemals bewusst geworden, dass ich dort in eine rechtliche Falle hätte geraten können. Beide Verträge wurden von ein und derselben Notarin verfasst.

Jeder Vertrag wurde einzeln geprüft von meinen Hamburger Anwälten.

Auch diese hatten keine Beanstandungen angemeldet.

Nach dem Gau durch Haus 3 - 1999

Sämtliche Konten wurden mit Pfändungen belegt. Guthaben wiesen diese kaum auf. Die Banken konnten sich eine Pfändung in der Höhe gar nicht erklären.

Alle Geldhäuser stellten sämtliche Kredite ihrerseits

sofort fällig. Meine gezahlten Kreditraten an die Autobanken und Leasinggesellschaften wurden sogar rückwirkend zurückgebucht. Was so alles möglich war. Ich geriet dadurch in Zahlungsrückstand von 2 Raten. Es folgte die Aufforderung zum Ausgleich der Rückstände. Diesen Ausgleich wollte ich nicht mehr leisten. Somit kündigten sämtliche Banken und Gesellschaften die Verträge. Wegen der Höhe der Zinsforderung von 530 Tausend DM beschloss ich, diesen Schlag anzunehmen und auszuleben. Den Gewinn aus dem Hausverkauf von 210 Tausend DM wollte ich auf keinen Fall einsetzen, hinsichtlich der Aussichtslosigkeit eines Ausweges,

Die Autos wurden weiterhin vermietet, bis diese nach und nach von den Gläubigern eingezogen und zu lächerlichen Preisen verwertet wurden. Eine Vermarktung in Eigenregie wurde mir verwehrt. Mein Freund konnte einen einzigen VW-Bus aus meiner Konkursmasse retten und unter seinem Namen kaufen. So sicherten wir ein einziges Stück Vergangenheit. Die letzte Fahrzeugvermietung erfolgte im Juni 2000.

Hausverkauf - 1999

In größeren Abständen schaltete ich private Verkaufsanzeigen, demzufolge ohne Maklerkosten. Der Umstand ist für Käufer sehr interessant. Nach dem ersten

Verkaufsversuch sollten noch 2 Jahre vergehen, ehe sich ein Käufer finden ließ. Im Vorwege der Veräußerung musste ein Kredit-Ablösungsbetrag festgelegt werden, den die Bank i. K. verlangte um das Grundbuch für den Käufer frei zu stellen. Der Liquidator des Hamburger Bankhauses war mir gut gesonnen und empfahl mir einen Gutachter, der die Bank bereits seit Jahren begleitete. Diesen hatte die Bank immer beauftragt und sie vertrauten seinem Urteil. Als der Ablösefestleger nun das Haus begutachtete, er wusste um die Brisanz, wurden alle, aber auch alle Mängel des Hauses aufgenommen. Je geringer der Endbetrag im Gutachten, ausfiel, desto geringer würde meine zu zahlende Ablösesumme festgelegt werden.

Die für ihn nicht sichtbaren Mängel offerierte ich ihm noch zusätzlich. Der Verkehrswert wurde daraufhin von ihm festgelegt. Verkauft wurde das Haus im November 1999.

Danach wohnungslos, gewährte mir meine neue Freundin Asyl bei sich, in ihrer Hamburger Wohnung.

Auszug - Dezember 1999

Das Haus war ja komplett möbliert und musste geräumt werden. Mein jüngster Bruder hatte sich die Zeit genommen für die Räumung und war extra aus Leipzig gekommen. Wir leerten das Haus von oben nach unten. Ein Gespann stand zur Aufnahme bereit, ein VW-Bus mit Mega-Anhänger. Zwei weitere von meinen Bussen wurden beladen. Die Karawane bewegte sich in Richtung Leipzig. Mein Bruder und ich waren die Vorhut. Die beiden weiteren Busse fuhren zwei meiner Freunde.

In Leipzig war gerade eine sanierte Wohnung aus meinem Besitz frei geworden, im Haus 1. Diese bot sich an, für meinen neuen Zweitwohnsitz. Auch die Dachböden der Pensionshäuser hatten genug Platz für all meine Noch-Hamburger Sachen.
Wir leerten die Fahrzeuge. Jeder der Fahrer fuhr einzeln zurück, nicht als Konvoi.

Wieder in Hamburg zurück, schritten mein Bruder und ich zum letzten Akt. Die Garagen, drei an der Zahl, waren nie als diese benutzt worden. Sie standen voll mit Baumaterial, Sperrmüll, auch viel unnützem Zeug.
All die Dinge nach Leipzig zu transportieren, erklärter Unsinn. Wir orderten einen Container von 10 Kubikmetern Fassungsraum.
Diesen beluden wir und schufen Garagenfreiheit. Glücklicherweise übernahm der Käufer sämtliche Teppichböden. Das Haus war nun geräumt. Mein Bruder und ich schliefen auf dem nackten Teppichboden. Die Musikanlage war das letzte technische Gerät, das mein

Haus verließ. Die Schlüsselübergabe an den neuen Besitzer sollte am 9. Dezember erfolgen. Den Abend zuvor lud ich noch mal zum Stammitaliener um die Ecke ein.

Was wir dort erfuhren, war unglaublich. Am nächsten Tag schloss auch mein jahrelanger Essensbereiter seine Pforten. Am selbigen 9. Dezember war die Schlüsselübergabe dort angesetzt. Es wurde ein gemütlicher Abschiedsabend bei reichlich Wein.

Die Eltern der Bedienung hatten das Restaurant Jahrzehnte betrieben und wollten altershalber nach Italien zurückziehen. Ein faszinierendes Wandbild in dem Restaurant zeigte „Capri". Unter dem Bild hatten wir viele Jahre gesessen und Superpizza genossen. Nach Italien konnten oder wollten ihre Eltern das Bild nicht mitnehmen. Ich fragte, ob das Bild zu verkaufen sei. Es handelte sich um ein Ölgemälde in den Maßen von 2,50 m Breite und 1,50 m Höhe.

Zum Preis von 100 DM konnten wir es am nächsten Tag erwerben. Das Bild musste eben transportiert werden, auf keinen Fall knicken. Unser Bus war jedoch voll beladen. Bei einem Freund konnte ich das Wertstück für die Dauer von zwei Monaten einlagern.

Es hat jetzt in Leipzig einen würdigen Platz gefunden.

Gastraum – 1999-2000

Der seltsame Zehn-Jahres-Vertrag mit der Fenstervertriebsfirma war 1999 ausgelaufen. In diesen Räumen entstand nun unser Mega-Frühstücksraum in der Größe von 85 qm, mit Empfangstresen und großer Küche. Eingerichtet wurde mit Massivmöbeln im altdeutschen Stil.

Ein Hingucker schlechthin war ein Lohntresor aus dem Jahre 1900. Dort wurden seinerzeit die Lohngelder des gesamten Plagwitzer Industrieviertels verwahrt. Das Stahlmonster wiegt 6.300 kg und ist auch heute noch in vollem Umfang nutzbar. Die Entriegelung erfolgte durch zwei 16 cm lange Stahlschlüssel mit Knickmechanismus. Meine gesicherten Papiere mit Zahlenaufdruck und Sicherheitsstreifen fanden in diesem Schrank eine sichere Heimat. Als Machtzentrale diente nun ein 16 qm großes Büro in dieser Etage, in der Nähe des Geldschrankes.

Neue Nutzflächen taten sich dort auf und wurden saniert

Übersee-Gedanken - 2000

Im Zuge des Erlebten und des finanziellen Desasters mussten neue Möglichkeiten erschlossen werden, so mein Plan.

185

Florida war im Jahr 1992 ein spontanes Reiseziel von meiner Frau und mir gewesen. Eigentlich sollte unser Reiseziel, ein weiteres Mal, die griechische Insel Kreta werden. Ein Angebot im Bille-Wochenblatt überzeugte zur Urlaubswendung. Florida, 14 Tage zum selben Preis. Es wurde ein Urlaub mit nachhaltigen Eindrücken. Das Erlebte beschäftigte mich seither. Ich empfand Freiheit, Unkompliziertheit, Möglichkeiten, Machbarkeiten.

Im Januar 2000 beschlossen mein jüngster Bruder und ich, in den Sonnenstaat auszuwandern. Mein Plan war der Kauf eines Motels. „Germany-Inn" sollte es heißen, mit „German-Breakfast". Ein für einen Investor interessantes Finanzierungsverfahren in den USA gab den Ausschlag dafür. In der Praxis sah es so aus: der Verkäufer eines Objektes bleibt eingetragener Eigentümer seines Grundstückes. Erst nach der vollständigen Abzahlung des Hauses erfolgt der Eigentumswechsel. Gefordert wurde und wird bis heute eine verhandelbare Anzahlung. Die nachfolgenden Raten werden dann durch den weiteren Geschäftsbetrieb getilgt. Eine anfängliche Einführung und Begleitung erfolgt durch den Alt- und Nocheigentümer. Meist aus Altersgründen werden die gut am Markt behaupteten Unternehmen verkauft. Die Sicherheit für den Veräußerer ist der Umstand, dass er Eigentümer bleibt. Sollte ich, als Käufer sozusagen, versagen und das Geschäft nicht weiterbetreiben können, in Konkurs ginge, bliebe der Verkaufswillige nach wie vor Eigentümer. All mein Geld würde verloren gehen. Die Rückkehr nach Deutschland wäre die Folge.

Überlegt und gedacht. Nun folgte die Ausführung. Meine Mitarbeiterin der Noch-Autovermietung kümmerte sich um die Formalitäten zur Ausfuhr meines Fahrzeuges. Meinen jungen Mercedes wollte ich nach Florida überführen. Sie sprach gutes Englisch und telefonierte sich durch. Das Internet war ja noch nicht ausreichend ausgebaut. Auch deutsche Immobilienmakler in den USA kontaktierte sie per Phon.

Der Flug - 2000

Mein jüngster Bruder und ich flogen im Januar 2000 nach Florida für zwei Wochen. Nur die Flüge hatte ich gebucht. Der Plan war eine Rundreise durch das Land um verschiedene Motels kennenzulernen und zu sehen, wie alles so läuft in der Sonne. Alles lief glatt. Von Hamburg aus flogen wir über Frankfurt nach Miami. Den bereits von Deutschland aus gebuchten Mietwagen übernahmen wir in den frühen Abendstunden. Ein Erstquartier war noch nicht gebucht. Nicht gut.
Als Reisehungrige stärkten wir uns bei „Pizzahut", einer Pizzeria nach amerikanischer Art.

Der Großfladen hatte umgerechnet 23 DM gekostet.
Bedient wurden wir von einer Deutschen, die den ersten Tag dort arbeitete.

Es dämmerte bereits, als wir unsere Quartiersuche begannen. Wir fuhren durch die Stadt – Richtung Süden. Bereits im Dunkeln trafen wir auf ein Motel. Verwunderlich war, dass es mit Stacheldrahtzaun umgeben und gesichert war. Massive Stahlzacken in der Zufahrt versenkten sich beim Einfahren auf das Gelände und richteten sich nach unserer Autopassage wieder auf. Der erkannte Grund war der, dass ein unkontrolliertes Ausfahren aus dem Motelgelände erschwert werden sollte. Nur mit Reifenschäden wäre sie möglich gewesen. In die Ausfahrtrichtung waren die Stahlzacken senkrecht gestellt und hätten die Reifen zerschnitten.
Nach Absegnung durch den Pförtner wurde die Barriere beim Ausfahren versenkt.
Am Morgen danach wurden uns die Umstände klar.
Wir hatten in einem Grenzbezirk übernachtet, bewohnt von fast ausschließlich Farbigen.
Die Fahrt ging am nächsten Tag Richtung Süden, Richtung der Stadt Key-West. Auf halber Strecke fiel uns ein gemütliches Motel auf. Es war überschaubar, auch preislich. Die Zimmer waren auf zwei Etagen verteilt. Zwei Schwestern bewirtschafteten diese Unterkunft. Am Tag darauf in Key-West, dem südlichsten Zipfel Floridas,

staunten wir nicht schlecht, der Übernachtungspreise wegen. Umgerechnet 220 DM wurden für ein Zimmer verlangt. Die Stadt ist wunderschön. Aus finanziellen Gründen nächtigten wir dort nicht, fuhren Richtung Miami zurück und buchten nochmals bei den alten Damen für 90 DM. Viele Motels erweiterten unseren Geschäftshorizont in den weiteren Tagen unseres Aufenthalts. Eine interessante Vorbereitungsreise ging zu Ende.

Rückflug

Zurück in Hamburg wurden viele Überlegungen und Vorbereitungen getroffen. Der Wechselkurs DM zum US-Dollar war zu der Zeit extrem ungünstig. Dieser Umstand verunsicherte mich stark, ließ mich aber nicht abhalten von meiner Idee.
Mein Auto wurde von Wilhelmshafen verschifft nach Jacksonville, einer Stadt im Norden Floridas. Ankunft dort war erfolgt.

Bedingt durch eine plötzliche neue Partnerbeziehung meinerseits, kamen die Übersiedlungsgedanken in Richtung Florida ins Wanken. Mein Bruder, der wichtige Partner, der die Umbau- und Technikarbeiten in Miami vornehmen sollte, kapitulierte.

Es starb das ganze Projekt.

Sein berechtigter Einwand war, dass wir als Paar auswandern würden und er allein.

Meinen Mercedes hatte ich Monate später wieder nach Hamburg rücküberführt. Beschädigt und mit Schimmel belegt, nahm ich ihn in Wilhelmshaven wieder in Empfang. Deutschland bin ich bis heute treu geblieben.

Laden leer - 2001

Unser vorheriger Gästeempfang in Haus 2 stand leer, bedingt durch unseren Umzug in die neu gestalteten Topräume des Nachbarhauses 1.

Eines Tages besuchte ein Bäckermeister unsere neuen Räume in Haus 1 und interessierte sich für die Flächen im Nachbarhaus 2. Er wollte den Altladen mieten. Beschlossen, Vertrag gemacht. Mit den Mietzahlungen zögerte der Jungmeister oftmals, bis schließlich der Konkurs im Jahr 2003 folgte.

Haus 1 – 2002

Bedingt durch die Nichtbedienung der Ratenkredite an die Banken wurde über das Haus 1 eine Zwangsverwaltung verhängt. Durch den Abschluss eines eigenen Mietvertrages mit dem Verwalter stand mir die Nutzung weiter zu. Der Betrieb lief in normalen Bahnen weiter, bis zum Jahre 2002.

In diesem Jahr wurde das Haus durch den eingesetzten Zwangsverwalter an eine politisch „links" gerichtete Gruppierung vermietet.

Im Jahr 2009 wechselte das Haus seinen Besitzer im Zuge einer Zwangsversteigerung, genau an diese Gruppe.

Hotel - 2002

Ein unlauterer Betreiber störte seit einiger Zeit unsere Geschäfte. Gäste, die eigentlich bei uns Zimmer gebucht hatten, wollten versehentlich in einem Hotel, in der gleichen Straße ansässig, einchecken. Obwohl nicht dort gebucht wurde, wurde dort Einlass gewährt. Dieses Geschäftsgebaren konnten wir nicht nachvollziehen.

Unlauter nenne ich das, bis heute.

Seit einiger Zeit beschäftigte ich mich mit Zwangsversteigerungen von Immobilien, sicher auch aus Eigenerfahrung.

Der Tag kam.

Das Hotel, genau dieses in unserer Straße, wurde zur Zwangsversteigerung aufgerufen. Mein Lebensfreund und ich waren bei dem Termin der Versteigerung anwesend. Er wollte kaufen. Mit dem Gläubiger-Bänker war ein möglicher Kaufpreis verhandelt worden, 118 Tausend Euro. Zum Zuschlag kam es leider nicht, nicht für meinen Freund. Ein seltsamer Bieter aus dem Hintergrund hatte einen Kaufpreis von 299 Tausend Euro geboten, ohne eine Bietsicherheit vorweisen zu können. Der Zuschlag ging an diesen Bieter.

Eine Überbietung des Kaufpreises wäre für meinen Freund nicht möglich gewesen.
Also aus der Hotel-Traum.

Hotel – Anlauf 2 – 2003

Zwölf Monate später war dieses Haus wieder zur Versteigerung ausgeschrieben. Der Ersteigerer des Vorjahres hatte also den Kaufpreis nicht aufbringen können.
Die Zeit für meinen Freund war gekommen.

DER ZUSCHLAG.

Ein neues Vermietzeitalter hatte für uns begonnen, in neuer Qualität. Jedes Zimmer dieses Hotels hat sein eigenes Bad.

Meine Bewirtschaftung nahm meine Überlegungen an.

Nur in mittleren Schritten wurden die alten Räume saniert. Die Erstausstattung des Jahres ´92 wurde von mir im Laufe sehr vieler Jahre ersetzt.

Ein finanzieller Kraftaufwand. Die Früchte sollten noch Jahre auf ihre Ernte warten.

Prompt. Nach der Ernte erfolgte eine ungerechte Steuerprüfung.

Auf dem Grundstück sind ein Hinterhaus, das Hotel und ein Vorderhaus, mit Mietwohnungen vorhanden.

Gesamt an Zahl stehen jetzt 29 Zimmer zur Verfügung.

Zwei Dachwohnungen entstanden durch Ausbau der alten Dachböden. Zwei Dachbalkone gestalten die Vermietbarkeit als problemlos. Eine Wohnung wurde an Dauermieter vergeben, die andere der Hotelvermietung zugeführt.

Vollständig wurden die Häuser saniert, mit neuen Möbeln und Teppichböden ausgestattet.

Eine Firma aus Halle hatte sämtliche Fugen im Duschbereich auf „weiß" getrimmt.

Seit dem Jahre 2015 erzeugen wir unseren eigenen Strom. Ein Blockheizkraftwerk verrichtet

Zukunftsaufgaben. Ein Tresor, der in früheren Tagen die kompletten Lohnauszahlungen der dortigen Gießerei sicherte, hat auch in unserem neuen Hause einen Dauer-Ehrenplatz erhalten.

Er musste auf ein Spezialfundament gesetzt werden, wegen seines Gewichtes von 6,3 Tonnen.

Leider beherbergt er jetzt keine Zahlenscheine mehr.

Er wartet auf die Rückkehr der D-Mark.

Im Zuge der Aufgabe des Hauses 1 wurde eine Tresor-Spezial-Firma beauftragt, um dieses Unikat in das Hotel zu überführen. Ein Auftrag mit Spezialkran verursachte Kosten von 2.600 Euro. Dieser Stahlumzug war für mich aber ein Muss. Nun zieht er neue Gästeblicke auf sich.

Tatort - 2003

Im Dezember 2001 erhielten wir spontanen Besuch im Pensionshaus 1 von einem Produktionsteam der Fernsehserie „Tatort". Ohne Vorabgespräch schauten die beiden Produktionsleiter vorbei. Sie waren auf der Suche nach einem Drehort für den geplanten Krimi mit dem Titel „Rotkäppchen". Unsere Räume wurden besehen und begutachtet. Gesucht wurde auch speziell ein unsaniertes großes Zimmer. Eine Wohnung im Vorwendestil konnten wir anbieten, ausgestattet mit Kachelofen und Blümchentapeten. Meine finanziellen Mittel ließen eine

Sanierung bisher nicht zu, deshalb der Altzustand Die Produktionsfirma war begeistert. Wir einigten uns auf einen guten Preis.

So wurde dieser Film auch in unseren Räumen gedreht. Im Zusammenschnitt betrug unsere Echtzeitausstrahlung ganze 6 Minuten. Gedreht wurde ein ganzer Tag mit je einem Tag Vor- und Nachlauf. Im Januar waren die Pensionsräume sehr gering belegt. So konnte ich alle unsere „Normalgäste" im Haus 2 unterbringen.

Ein positiver weiterer Effekt war der, dass einige Filmmitarbeiter auch Übernachtungen bei uns buchten und auch Aufenthaltsräume für die Schauspieler im Nachbarhaus 2.

Wohl auch wegen der bröckelnden Fassade war der Drehort gewählt worden. Im Film wurde meine Pension als „Absteige" bezeichnet. Diese Zusatzeinnahme von mehreren Tausend Euro ermöglichten mir die Fassadensanierung in einfacher Ausführung. Das Haus 1 sah danach ansprechender und einladender aus.

Gesendet wurde der Tatort-Krimi fast ein Jahr später, im Januar 2003, wie immer zur gewohnten Sonntagszeit 20.15 Uhr.

Auf der Suche nach einem Ruhepunkt, einem Wohnstandort, forschte ich weiterhin im Internet nach einem Haus. Am Tag: „Wunderbar" ernetzte ich ein Haus in der Innenstadt von Delitzsch, einer Stadt nahe Leipzigs. Dieses war, wie so oft in meinem Leben, zur Versteigerung ausgeschrieben.

Der Besitzer ließ bei der Begutachtung keine Innenbesichtigung zu. Somit wurde eine Verkehrswertermittlung aufgrund von Unterlagen und Außenbestandsaufnahmen gefertigt. Demzufolge wurde der Verkehrswert des Grundstückes sehr gering festgesetzt. Als einzige Bieterin im Versteigerungstermin beim Amtsgericht Leipzig erwarb meine Lebenspartnerin dieses Haus. Das alte Bauernhaus, hunderte Jahre alt, wurde von uns auf neuesten Baustand gebracht. Einige Jahre wurde es zu unserem zu Hause auf sehr engem Grundstück von 220qm aber mit 165qm Wohnfläche, bedingt durch Grenzbebauung. Durch das Abstellen unseres Volks-Busses im Garten war die Freifläche halb zugeparkt. Außenparkplätze in der Delitzscher Innenstadt werden von den Ordnungshütern streng bewacht und bei Fehlnutzung geahndet mit Tickets.

Im Gespräch mit Nachbarn ergab sich eine Möglichkeit des Erwerbs eines freien Grundstückes, fast gleich nebenan. Das Grundstück war vor Jahren Standort eines baufälligen Hauses. Der Abriss war bereits erfolgt. Eine übrig gebliebene halbe Baugrube ließen wir zuschütten und verdichten. Durch die anschließende Bepflasterung wurden sechs Fahrzeugherbergen geschaffen, zwei überdacht mit einem Carport. Für eine Innenstadtlage ein interessanter Grundstückszusammenschluss.

Bäcker-Plus-Shop - 2005

Im Jahre 5 nach der Jahrtausendwende überfiel mich der Gedanke, selbst einen Bäckervertrieb zu starten im eigenen Haus 2.
Gegründet wurde ein Bäcker-Plus-Shop, ein Imbiss mit frischen Backwaren und kleinem Tante Emma-Verkauf.
Miete fiel ja nicht an.

Der Laden lief gut. Meine Eigenkreation, die Soljanka, eine Suppe nach russischer Art, entwickelte sich als Renner. Von dem Monatsumsatz von 5.000 DM, bei einem Wareneinsatz von 50 %, verblieben 2.500 DM für zwei Aushilfskräfte und Betriebskosten für den Laden. Meine Arbeit, ich war bereits Rückleipziger, bestand in der Warenbeschaffung. Zweimal in der Woche belud ich den Volksbus bis Scheibenhöhe und lieferte an. Für diese vielstündige Zuarbeit und Lastarbeit betrug mein Einkommen 500 DM im Monat. Die Fahrtkosten mussten davon noch in Abzug gebracht werden.

Am Ende des Jahres schloss ich den Laden wieder.

Der Grund – Unwirtschaftlichkeit.

Ohne Fitness - 2005

Nach etwas über 10 Jahren war der Mietvertrag des Fitness-Studios in Hamburg gekündigt worden. Die Ertragslage war bedrohlich gering geworden, lag nur noch bei 500 Euro Gewinn im Monat. Für Investitionen fehlten die Mittel. Die veralteten Gerätschaften waren ja bereits seit dem Jahr der Anschaffung 1995 im Bestand.

Jedes Jahr seither schafften wir NUR ein einziges Neugerät an. Mit der schnelllebigen Zeit konnten wir nicht mithalten. Viele neue Geräteentwicklungen aus den USA beherrschten die Fitnessbranche. Wir konnten unseren Mitgliedern all diese Neugeräte nicht anbieten.

Am letzten Tag des Juni mussten die Räume vollständig beräumt übergeben werden. Abgesehen von einigen wenigen Einzelverkäufen von den Geräten bot ich im Internet die Gesamteinrichtung zur Versteigerung an. Der Zeitpunkt war gesetzt. Der Ersteigerer war verpflichtet, das Studio von sämtlichen Geräten, nebst Wandspiegeln und verklebtem Bodenbelag zu befreien.

Den Hopserraum des Studios, den Aerobic-Raum, hatten wir mit einem Schwingboden mit Eichenparkett versehen. Es handelte sich dabei um ein Lattengeflecht. Auf diesen wurden Pressspanplatten geschraubt. Als Edelabschluss wurde eine Deckschicht aus Eichenholz aufgebracht. Bei den Gymnastikübungen sollten durch das Schwingen und dem Zusammenspiel der Hölzer die Gelenke der Fitnesswilligen geschont werden.

Diesen Holzaufbau hatten wir komplett rückgebaut.

Der VW-Bus stieß an seine Federgrenzen, als ich diese komplette Holzkonstruktion verladen hatte. Eine spätere Nutzung erfuhr das Material in Leipzig beim Ausbau eines neuen Gastraumes im Hotel.

Es wurde spannend. Die letzten Minuten vor Auktionsende waren angebrochen. Schnell ging der Gebotspreis nach oben, allerdings nicht so wie erhofft. Für nur 5001 Euro wurde eine, diese komplette Einrichtung unseres Studios versteigert. Eine Firma aus Merseburg erhielt den Zuschlag.

Viele Vorabüberlegungen brachten uns zu dieser Lösung einer Versteigerung.

Die Geräte hätten verladen und nach Leipzig verbracht werden müssen. Dort in den feuchten Garagen unseres Hotels hätten wir die Geräte lagern und einem Einzelverkauf zuführen müssen.

Bis heute wären nicht alle Geräte verkauft worden.
Die Merseburger kamen mit LKW und acht Mann
Besatzung und räumten das Studio in drei Tagen.

Haus 2 - 2006

Nach Schließung meines Bäcker-Plus-Shops Ende 2005
vermietete ich den Laden an einen Jungunternehmer. Er
wollte sich als Tagesvater verdingen. Mit Förderung von
öffentlicher Hand hatte er seinen Neustart gewagt.
Die Mieten wurden pünktlich gezahlt, 280 Euro im
Monat.
Für die Stadt-Gäste der neueren Zeit waren die
Pensionszimmer nicht mehr zeitgemäß ausgestattet.
Somit vermietete ich an Studenten, zum Monatspreis von
250 Euro. Alle 11 Zimmer fanden Mieter. Ein „politisch
linker" Aussteiger entschied sich für eine unsanierte
Wohnung, die letzte des Hauses, ohne Bad mit
Ofenheizung, zum Monatspreis 220 Euro.

Das Sozialamt übernahm die Kosten für eine weitere
Wohnung, teilsaniert, gemietet von einer alleinstehenden
Mutter mit Kind für 380 Euro Miete.

Alle Mieteinheiten wurden inklusive Betriebskosten
vermietet.

So entfiel für mich die Erstellung einer Betriebskostenabrechnung.

Inklusiv der Mieteinnahmen des Dauermieters konnte ich 4.500 Euro monatlich verbuchen, teils gewerblich, teils privat. Im Jahre 2010 wurde auch dieses Haus versteigert, im Zwang.

Kreta-Haus – 2009

Da wir jedes Jahr mindestens einmal die griechische Insel Kreta besuchen, wurde der Gedanke geboren, dort ein Haus zu kaufen.

Ein deutsches Paar aus Pinneberg, nördlich von Hamburg, bot dieses Objekt im Internet zum Verkauf an. Sein Phantasiepreis war 149 Tausend Euro. Es ist ein kleines Grundstück von 200 Quadratmetern. Wohnfläche über 80 Quadratmeter.

Das Paar war vor vielen Jahren ausgewandert und wollte wieder zurück nach Deutschland ziehen. Die Ehefrau ertrug die Hitze in Sommerzeiten nicht mehr. Es handelte sich um ein leicht zu bewirtschaftendes Grundstück, südlich von Rethymnon. Die Fahrtzeit beträgt 5 Minuten von diesem Ort Hamalevri zur touristischen Strandmeile.

Völlige Ruhe hätte uns erwartet. Bis auf die Kirche direkt gegenüber. Diese hätte uns regelmäßig unseren Morgenschlaf geraubt.

Der Gedanke war die Selbstnutzung des Grundstückes.

In der Zeit des Nichtgebrauches wollten wir das Haus an Urlaubsgäste vermieten.

Den Vertriebsweg sollte ein Link bieten auf der Homepage unserer Hotelseite. Auch Werbeflyer wollten wir im Hotel auslegen.

Die Preisverhandlungen waren hart.

Das letzte Gebot von dem Verkäuferpaar lag bei 94 Tausend Euro.

-Wir haben nicht gekauft-

Ferienhaus - 2012

Seit dem Jahre 2012 wurde das Haus in Delitzsch einer Nutzungsänderung unterzogen. Das erste Gästehaus in der Stadt wurde eingeweiht. Ein Ferienhaus, das komplett vermietet wird an Kurzzeitgäste mit einer Aufenthaltsdauer von mindestens vier Tagen.

Das Konzept, nach dänischem und ungarischem Vorbild, war bisher in dieser Stadt noch nicht überlegt und nicht verwirklicht worden. An Kritik von allen Seiten hat es bis heute nie gemangelt.

Der Bürgermeister segnete diese Geschäftsidee, auf Anfrage, persönlich ab. Ein mittlerer Erfolg stellte sich ein.

Der Gewinn liegt allerdings höher als bei Dauervermietung. Der Vorteil, den ich für mich sah, das Haus ist nach kurzer Zeit wieder in unserem Verfügungsbereich und zur Privatnutzung frei.

Dieses kleine Geschäft betreibe ich bis heute.

Stasischergen

1983

Mein bester Freund in Leipzig wurde, kurz nach meiner Flucht, beim Verlassen der elterlichen Wohnung von Mitarbeitern der Staatssicherheit abgefangen.
Seine Berufswahl war es, Lokführer zu werden. Von den Sicherheitsbeamten und Verfechtern des roten Staates wurde ihm vor die Augen geführt, dass er dieses Berufsziel nicht erreichen wird.
Es sei denn, er würde sich entscheiden ein inoffizieller Mitarbeiter der Staatssicherheit (IM) zu werden.
Mein Freund wurde es.
Er spionierte unsere Familie aus, übergab meine, an ihn adressierten Briefe, an die STASI.
Mein Exfreund verbrachte meine, an ihn privat gesendete, erste Grußkarte aus Westberlin auf die Baustelle, und verlas meine Zeilen vor meiner Brigade.

1984

Eines Tages im Jahr ´84, wenn ich es noch in richtiger Erinnerung habe, erhielt ich einen Anruf in Hamburg. Ein Nachbar unseres ehemaligen Elternhauses in Leipzig meldete sich und meldete sich an. Herr Groß war Musiker beim Leipziger Orchester. Mehrfach hatte ich für ihn Bauarbeiten gegen Bezahlung ausgeführt. Wir verstanden uns gut, aber mit persönlichem Abstand.
Er hatte angeblich einen Gastauftritt beim Norddeutschen Rundfunk in Hamburg. In diesem Zuge wollte er mich besuchen. Ohne Argwohn sagte ich zu und freute mich auf den Besuch eines Leipziger Vertrauten.

An einem Samstag besuchte er mich. Das Gespräch wurde von ihm zielgenau auf meine Flucht gelenkt. Seine direkte Frage über den Fluchtweg wurde von mir mit Missachtung bestraft. Ohne ein Ergebnis verließ dieser Herr meine Räume nach einer kurzen Stunde.

Nach der Wende 1990 wurde seine Stasi-Mitarbeit aufgedeckt. In der Wohnsiedlung meiner Eltern wurden Listen mit den inoffiziellen Mitarbeitern des Staatssicherheitsdienstes in jeden Briefkasten befördert. Es glich einem Pranger sozusagen. Herr Groß war gelistet. Meine Mutter forschte daraufhin und erfuhr über einen Bekannten vom Leipziger Rundfunk, dass es im

Jahr ´84 nie ein Konzert, Gastauftritt in Hamburg gegeben hatte. Somit war der IM nur geschickt worden, um Fluchtinformationen von mir herauszufinden.

1986

Als Autovermieter lieferte ich ja, wie bereits erwähnt, meine Fahrzeuge an die Kunden in ganz Hamburg aus und holte sie bei Bedarf auch wieder ab.

Wieder auf dem Weg zu einer Fahrzeugabholung wartete ich auf dem S-Bahnhof Hamburg-Nettelnburg auf den Zug. Unweit von mir näherte sich ein junger Mann und sprach mich an. Über die Frage nach meinem Fahrziel kamen wir ins Gespräch. In der Bahn nahm er gegenüber von mir Platz, fixierte mich und stellte Fragen.

Er sei auch geflüchtet und seit kurzem in Hamburg. Seine Wohnung befände sich gleich gegenüber dem S-Bahnhof. Wir verabredeten uns für einen anderen Tag.

Berührt war ich von der Begegnung eines Schicksalsgefährten.

Anfänglich nicht überrascht, besuchte ich ihn in seiner Wohnung. In eine leere Wohnung trat ich ein. Gut, für einen Neuankömmling nicht ungewöhnlich. Im Wohnzimmer stand ein Schreibtisch mit zwei Stühlen, einem davor und einem dahinter. Ein Bett konnte ich nicht orten. Herr IM setzte sich, ich vor seinem Schreibtisch. Wir unterhielten uns über alles Mögliche,

natürlich auch über Ost- und Westdeutschland.
Ein Verdacht wurde erst später ein Thema.

Ich lud ihn zu einem Freundestreffen zu uns ein. Dieser Mensch klebte an meinen Lippen. Auf dem Sofa drehte er sich permanent zu mir.
Wir saßen nebeneinander. Er betrachtete nur mich und fragte mich regelmäßig, in unregelmäßigen zeitlichen Abständen, nach meinem Fluchtweg.
Mit unseren Freunden redete er kein Wort. Von sich selbst erzählte er auch nicht. Der Abend verging für ihn erfolglos. Keine Aussage von mir konnte er in seinen Stasibericht schreiben.
-Für mich ein klarer Fall-

Wir sahen uns nie wieder.
Seine Wohnung war geräumt worden,
sein Telefon abgeschaltet.

Nachwort

Die gewaltsamen Teilungen eines jeden Landes, die durch fremde Nationen herbeigeführt werden, sind ein Verbrechen.

Eine sozialistische Idee kann nur mit kapitalistischem Denken zum Erfolg geführt werden.

An diesem Buch habe ich über 20 Jahre gearbeitet. Erst im Jahr 2016 konnte ich die letzten Seiten und Zeilen hinzufügen und das Buch fertigstellen.

Einen Lektor habe ich nicht bemüht.

Raik-Michael Pabst
Leipzig – Hamburg
2016

Zeitfracht Medien GmbH
Ferdinand-Jühlke-Straße 7
99095 Erfurt, Deutschland
produktsicherheit@kolibri360.de